Los Sufrimientos de Ruthie

Los Sufrimientos de Ruthie

¿Terminarán algún día?

Consuélate en pensar que cuando Sufres, siempre hay
alguien en este momento que está sufriendo más que tú.

Carlos José Sánchez

ISBN: 978-1-4669-0315-9 (sc)
ISBN: 978-1-4669-0316-6 (e)

Trafford rev. 03/18/2012

 www.trafford.com

North America & International
toll-free: 1 888 232 4444 (USA & Canada)
phone: 250 383 6864 ♦ fax: 812 355 4082

Dedicación

Este libro está dedicado a todas aquellas mujeres quienes han tenido la desdicha de vivir una vida llena de sufrimientos y violencia doméstica. A todas ellas quiero decirles que siempre hay una esperanza; que hay salida a sus dolores y maltratos; que el mundo entero las respalda y les ofrece apoyo; que no se queden calladas; que les cuenten sus martirios a un buen amigo (a), a su gente más cercana, al mismo Dios.

Contenido

Prólogo

Este no es un libro religioso y mucho menos intenta obligarte a que creas en ese Ser supremo, en quien muchos ponemos nuestra confianza, y expresamos nuestra Fe. Este libro simplemente habla de las luchas constante de una mujer que trata de ser feliz; también habla de sus conflictos con la vida y de sus sufrimientos. Algunos pases te llegarán a pensar que su Fe en Dios es lo que la mantiene viviendo; y otras veces la verás como a una misma mártir; como a una víctima más de la vida; como a una esclava del sufrir. Sería maravilloso pensar que todas las historias que se escriben son bellas y que siempre tienen un final feliz; en realidad eso se ve en muchos casos; y sin lugar a dudas, tales historias bien sean de amor, aventuras o misterios nos hacen pensar que la vida es como un paraíso lleno de flores olorosas, con aguas cristalinas alrededor donde todos nos vemos felices, y todo lo que se refleja en nuestras caras es paz. ¡Que equivocados estamos!

La vida también está llena de historias dolorosas, fracasos constantes, decepciones diarias y sufrimientos que nunca dejan de parar. En realidad, este libro encierra en su contenido no solamente el sufrir de una mujer llamada Ruthie; pero también habla de los abusos que ella padeció, sus decepciones amorosas y sus luchas por alcanzar su anhelada felicidad.

Este libro pudiera fácilmente llamarse "*Nacida Para sufrir*" ("*Born to Suffer*"—Así se llamará cuando se publique en el idioma Inglés); pero lo hemos titulado "*Los Sufrimientos de Ruthie*" por llevar el nombre de la principal protagonistas de esta historia llena de hechos reales y verídicos los cuales llevarán a nuestros lectores; sobre todo a muchas mujeres a identificarse con ella. Además de hablar de sufrimientos y traiciones, también hablaremos de abusos en el hogar. El abuso doméstico es un problema muy común no sólo en hogares latinos, sino en el mundo entero. Este libro te pondrá los "pelos de punta" a medida que leas y vayas descubriendo lo que la vida sin excusa alguna le ha dado a esta humilde mujer. La historia es real y el contenido encierra la tristeza y el sufrimiento por el que ella pasó.

Muchos de nosotros de una manera u otra hemos sido víctimas del sufrir y de los defectos que este deja; en el caso de Ruthie, los efectos son más que dolorosos. Sus sufrimientos te tocarán el alma y hasta te harán pensar que la vida ha lanzado una represalia muy fuerte en contra de ella.

Es doloroso y hasta lamentable que por culpa de ese parásito llamado "*machismo*," millones de mujeres han pasado por situaciones horrendas; o, a mejor decir, intensamente dolorosas. Muchos han sido los casos que se han visto donde el hombre se ha despejado de su controlable razonamiento y le ha dado soltura a su instinto animal para maltratar, dominar, y manipular las acciones de otros. Esta es la historia de una mujer que a lo largo de su vida ha sido maltratada por hombres sin conciencias; y a mi entender, injustamente castigada por la vida. Aun así, ella sigue esperanzada y aferrada a su Fe y lucha por ser feliz. Esta historia es la sufrida vida de un ser humano llevada a las letras. Una mujer que ha sufrido muchísimo como poco se ha visto en este lado del continente.

La palabra sufrir se quedará corta cuando veas el despliegue de tormentas y ataques que la vida misma ha hecho contra ella. Lee este libro detalladamente y verás que no estoy exagerando. Ella lucha por ser feliz, pero es poco lo que la vida le ha dado en este particular. El sufrir se ha impuesto y le ha detenido su felicidad. En verdad, existe muchísima diferencia entre la felicidad y el sufrir: La felicidad es vivir; el sufrir es morir lentamente; el sufrir es prácticamente un destructor de vidas. Lee esta historia del comienzo hasta el final y llegarás a la misma conclusión. Mientras lees y te informas del atropello impiadoso que la vida le ha dado a esta mujer te aseguro verás con claridad que la vida ha sido más que injusta con ella.

La vida siempre se ha resistido a dárselo todo. Le ha dado muchas cosas; si, es muy cierto, pero también le ha negado otras. Quizás ella no ha buscado la felicidad en su totalidad, o se ha limitado a buscarla; o a lo mejor, el destino así lo tenía preparado. Verás como la felicidad ha estado cerca de ella en muchas ocasiones; que le ha tocado la puerta de su corazón por ratitos, que ella ha sido feliz por momentos; pero también verás sus sufrimientos, aflicciones y dolores. Podemos decir con seguridad que ella ha sido feliz cuando la escuchamos hablar de sus hijos y de la reciente llegada de su primer nieto—Armani, "*un robador de corazones*"—Esta combinación de hijos y nieto le han traído muchas alegrías y bellas emociones.

También se pudiera decir que la felicidad le ha llegado por periodos cortos cuando te informes de sus relaciones amorosas; relaciones que no han tenido el resultado positivo y estable que ella ha esperado. No hay duda que, dentro del círculo de la felicidad o fuera de ella, sus sufrimientos siempre la han acompañado y no la han dejado alcanzar la felicidad que ella siempre ha anhelado.

Es la intención del autor y la de este libro que se cuenten más las memorias que quedaron de los hechos sufridos por esta mujer. Hablaremos poco de sus alegrías; que también las tuvo, aunque fueron pocas. Si así fuera, entonces el libro no se llamara "**Los Sufrimientos de Ruthie.**" Quizás algún día se publique: "*Las alegrías de Ruthie*" pero éste no es el caso. La historia de Ruthie tiene más de sufrimientos que de alegrías. Se cuenta así esta historia para que sirva de motivación a muchas mujeres a seguir luchando; a no desmayar cuando el sufrimiento te visita; o cuando la vida te golpea duramente. Muchos de nosotros hablamos de nuestras vidas, bien sea porque internamente deseamos contárselas a otros; o quizás, lo hacemos porque nos sirve como terapia para edificarnos emocionalmente.

El sufrir es un tema muy serio. El sufrir no pide permiso ni hace citas para visitarte. Te puede llegar en cualquier momento. Se te aparece inesperadamente y es muy perjudicial. Es por eso que el sufrir no tiene amigos y está rodeado de enemigos. El sufrir nos afecta a todos, y Ruthie no es la excepción.

Este libro describe las causas de sus sufrimientos, las posibles razones de sus fracasos amorosos y trata de explicar por qué Ruthie en sus propias palabras siempre categóricamente ha expresado que *"nunca jamás seré feliz."* Este libro también trata de buscar una respuesta a nuestra pregunta original *¿Terminarán algún día sus Sufrimientos?* No existe duda que su vida ha sido un incontrolable e insaciable tormento.

El sufrimiento de Ruthie es una historia verídica vivida por la persona que lleva su nombre de la cual el autor puede testificar la veracidad de los hechos por ser parte de esta historia. En este libro verás las muchas caras del sufrimiento expresadas en lloros, decepciones, disoluciones, traiciones, amargos momentos, fracasos y hasta su estremecedor encuentro con la muerte. La historia es verídica que te hará reflexionar y pensar que cuando tú estás pasando por un momento difícil en tu vida, siempre hay alguien quién la está pasando peor.

Al final de la historia, el lector se relacionará aún más con ella, con su constante lucha, sus desafíos y su deseo de lograr su felicidad. Sé parte de esta historia e identifícate con el personaje para que tú también seas testigo de los atropellos que se atreve hacer el sufrir y de los rastros que éste deja. Entérate si "Los Sufrimientos de Ruthie" se convertirán al fin y al cabo en felicidad; si ella le gana la batalla a la vida; si ella le da un adiós definitivo al sufrimiento, o una acogedora bienvenida a la felicidad. Te invito a que disfrutes de esta triste, pero acalorada historia.

Ruthie a la edad de 45 años—Sus ojos aun reflejan la tristeza e incertidumbre que la vida le ha dejado; pero aun así, su rostro mantiene la esperanza de ser Feliz.

Notas del Autor

Empecé este libro en el verano del año 2006. En ese tiempo, yo vivía una encantadora relación con la protagonista—la maltratada victima en este libro. Me llamó mucho la atención de que su historia era un poco similar a lo que vivió mi adorada madre con mi papá. Mi corazón se llenó de tristeza al escuchar tanto abuso por lo que ella había pasado. A medida de que ella me contaba sus sufrimientos y me daba detalles de los intensos momentos vividos, mi corazón se llenó de compasión; de modo que, en ese preciso momento, esa tarde de verano, mientras ella me visitaba, conecté mi computadora y empecé a escribir su historia. Recuerdo que ya la noche estaba cayendo, el grupo musical "*Los Temerarios*" cantaban en la radio; y el momento era tan acogedor que me dio por escribir su historia. Así nació esta inspiración:

> "*En un mundo tan extremadamente complejo y tan injusto, lleno de maldades y traiciones; un mundo donde todo lo que se ve alrededor es sufrimientos y maltratos; no es difícil ver reflejado en la cara de muchos las huellas del sufrir. La vida es muy preciosa, dijo un hombre en el pasado; pero éste sólo se estaba refiriendo a su propia experiencia en la vida, y a lo bueno que ésta había sido con él; porque si él hubiese pasado, aunque sea por un instante, por un pequeño periodo de sufrimientos, dificultades y tormentas como lo ha pasado Ruthie, sus palabras se las llevaría el viento, su decir se lo tragaría la tierra, y pensaría totalmente diferente. Sus palabras en cambio expresarían sentimientos amargos.*"

Para mi sorpresa, yo no podía creer el por qué la vida la había golpeado tanto, el por qué la vida la había tratado de esa manera. En realidad, pensé que ese mismo año terminaría de escribir este libro. Era tanto por lo que ella había pasado que con seguridad ya tenía suficiente material para completar esta historia. Pero el tiempo pasó y sólo me dediqué a observarla; a mirar con detalles que más la vida le tenía preparado. Mayor fue mi sorpresa, que, a medida que la observaba, cada día veía el sufrir más cerca de ella; y empezó a reflejarse en su rostro el semblante de su agonía. En ocasiones sufría por lo que estaba pasando con sus hijos; la vi sufrir en los hospitales; y para colmo, yo también contribuí a su dolor.

Reanudé la historia 3 años después. Me di de cuenta, que la historia tenía que completarse porque ya yo me había convertido en parte de ella, y formaba parte de "***Los Sufrimientos de***

Ruthie." Mis ganas por escribir se agigantaron. Empecé a escribir mientras manejaba, cuando estaba solo, cuando veía un programa de televisión, cuando pensaba en ella, y muchas veces cuando me despertaba de madrugada. Cada vez que me llegaba una idea, una frase acerca de ella, la escribía. Empecé a escribir en pedazos de papel, en servilletas, en periódicos y hasta en recibos de tiendas. Cada vez que me acordaba de su vida me motivaba a escribir. No quería por nada del mundo que la idea se me fuera.

Me puse a pensar que si yo no me metía en la historia y formaba parte de ella, su contenido estaría incompleto; es por eso que, hoy lees hechos reales de los cuales yo soy testigo. Hechos vividos por esta mujer como niña, adolescente y como adulta. Pensé que conmigo su sufrir se terminaría; al contrario, se complicó. Su sufrir continuó conmigo. Cosas que pasaron en nuestra relación la hicieron sufrir más. Detalles de los sufrimientos que yo le ocasioné también están incluidos en esta historia. Es por eso que esta historia es verídica e incuestionable.

Algunos nombres de las personas envueltas en esta historia han sido cambiados para proteger a aquellos que injustamente sufrieron juntamente con Ruthie; tal es el caso de sus hijas. Los nombres de los abusadores se han quedado igual para que todo lector se entere de la crueldad de esos "*Canallas*;" por no llamarlos "animales irracionales;" entre ellos incluyo al "viejo yo." Digo el viejo yo; porque ahora, según la Biblia yo soy una nueva persona cuando acepté a Jesucristo como Señor y Salvador de mi alma, "*De modo que si alguno está en Cristo, nueva criatura es; las cosas viejas pasaron; he aquí todas son hechas nuevas*" (2 Corintios 5:17). El nombre de la principal protagonista se ha conservado por ser ella la que se merece toda la atención y consideración por lo que en carne propia vivió.

Me reservo dar detalles del dolor que el haberme separado de ella me causó. La verdad es que prefiero "*tragarme mi dolor*." Quizás haya una segunda historia de lo nuestro; a lo mejor otro libro se escriba. Quizás me lleve mi dolor a mi tumba; o a lo mejor lo conserve en mi memoria para siempre. Extrañaré de ella su buen trato, sus atenciones, su cuerpo siempre perfumado y su elegancia en el vestir. De ella aprendí más acerca del amor y el sufrir, a ser más caballeroso y romántico a la vez. Ruthie me hizo sentir y lucir como el hombre que ella siempre soñó—el hombre de su vida.

Horas y horas me ha tomado completar este libro, fueron muchos los "*estrasnochos*," las veladas, mis profundas y intensas conversaciones con la protagonista. Me convertí en investigador y periodista para descubrir más detalles de esta historia. Hablé con sus hijos y sus padres, amigos y enemigos; y hasta un viaje hice a sus pueblos puertorriqueños—Fajardo y Luquillo—para mirar con mis propios ojos el ambiente donde se crió, sentir de cerca su dolor y afrentar cara a cara a sus primeros opresores. Disfruta de su historia como yo lo he hecho. Sólo una pregunta quedará en el aire: "*¿Terminarán algún día los Sufrimientos de Ruthie?* Eso sólo lo sabe Dios.

Introducción

En un mundo tan extremadamente complejo y tan injusto, lleno de maldades y traiciones; un mundo donde todo lo que se ve alrededor es sufrimientos y maltratos; no es difícil ver reflejado en la cara de muchos las huellas del sufrir. Es muy fácil ver la reflexión del sufrimiento en aquellos que han pasado por la agonía y la angustia de vivir tiempos dificultosos. La vida es muy preciosa, dijo un hombre en el pasado; pero éste sólo se estaba refiriendo a su propia experiencia en la vida, y a lo bueno que ésta había sido con él; porque si él hubiese pasado, aunque sea por un instante, por un pequeño periodo de sufrimientos, dificultades y tormentas como lo ha pasado Ruthie, sus palabras se las llevaría el viento, su decir se lo tragaría la tierra, y pensaría totalmente diferente. Sus palabras en cambio expresarían sentimientos amargos y rebeldías hacia la vida. Así es la historia que estás a punto de leer. La historia de una mujer que ha sido constantemente "*aporreada*" por la vida, como si ella estuviese condenada a sufrir. Pareciera que su vida está destinada al sufrimiento; o que la vida se está burlando o vengando de ella.

"*¿Cuánto más tiempo tengo yo que pasar por esto, oh Dios? ¿Qué hice para merecerme este castigo?*" Estas palabras constantemente golpean su mente. Su mente no puede comprender las razones y el por qué ella tiene que sufrir mientras otros disfrutan de la buena vida. Esta no es una vida fácil de vivir, todo tenemos que hacer de ella lo mejor que podamos incluso bajo las más dificultosas e inapropiadas situaciones que nos presenta la vida. Bajo todas circunstancias, deberíamos de mantener un sentido de esperanza en la corta o larga jornada de la vida. Para muchos, problemas sólo son situaciones temporales, las cuales se irán un día. Es como la luz del semáforo, que en cualquier momento sabemos que va a cambiar de roja a verde o de verde a amarilla. Así deberíamos de ver los problemas: *Como algo que viene y que pronto va a cambiar.* En el caso de Ruthie, pareciera que nunca sus sufrimientos cesarán; que nunca tendrán un final. Su fe está constantemente retada y probada cada paso que ella da. Ella siempre ha pensado que ya no hay esperanzas y que la felicidad es muy difícil de alcanzar. "*La felicidad pareciera que está muy lejos de mí y que cada día se aleja más y más,*" dice con certeza Ruthie.

Nacida en Fajardo, criada en Luquillo, ambos pueblitos pequeños de Puerto Rico. Ella es errante de muchos lugares; Illinois y Míchigan la han visto crecer y madurar. En Waukegan, Illinois fue donde nació su bella Adamaris, quien tiene una larga participación en esta historia. Cada lugar donde sus zapatos han pisado le ha dejado un mal recuerdo; la ha "*martillado*" cada vez más profundo y le ha causado muchas heridas emocionales y decepciones. Pareciera que clavos se enterraban en su alma cada vez que algo le pasaba. ¡Pobre mujer! Sólo ha vivido sufrimientos; ese es el tema de su vida diaria y quizás la dirección que su vida tomará para siempre; o lo que es mejor decir: "*Ese es su inevitable destino*."

En muchas ocasiones sus ojos se han llenado de lágrimas; por sus mejillas se han deslizado el agua de sus extrañas, lágrimas continúan brotando de sus ojos, recorriendo sus mejillas y almacenándose en sus labios hasta hacerlos desbordar. No hay duda que su boca siempre ha sentido la amargura del dolor; y que más de una vez se ha repetido esta agonía. Si la miras de cerca podrás ver que sus ojos llorosos reflejan señales de angustia en su dulce y delicada cara. Aunque los años han golpeado su rostro, éste todavía refleja una apariencia juvenil y llena de esperanzas por seguir viviendo.

Cientos de mujeres se identificarían con ella, millones la apoyarían y un mundo entero, con toda seguridad, la entendería. Muchos de nosotros hemos vivido situaciones similares fuera o dentro del hogar. Muchos de nosotros hemos sentido los golpes que nos ha dado la vida, bien sea por la traición de quién confiamos, la decepción de una relación amorosa, la pérdida de un ser querido, maltratos físicos o emocionales; o simplemente, por una mala jugada que la vida nos ha dado. Muchos de nosotros hemos pasado por algo que posiblemente nos ha causado una herida muy difícil de curar; tal herida nos puede costar aun nuestra propia vida si permitimos que el sufrir nos acapare por completo. Véase como se vea, el sufrir no trae nada bueno y es amigo de nadie.

¿Qué es sufrir? Por definición, sufrir es experimental un daño o perjuicio, padecer, aguantar. Sufrir sólo trae consigo dolor, maldad e injusticia; y muchas veces no tenemos control sobre él. Si por mí fuera, yo eliminaría la palabra sufrir de todos los diccionarios del mundo; y si me dieran más opciones, las palabras injusticia, odio, maldad y traición no deberían de existir. Palabras como justicia, amor, bueno y fidelidad no deberían de tener anónimos para que cada ser humano tenga la dicha de vivir mejor. ¿Hay leyes en el sufrir? ¿Sigue el sufrir algunas reglas? ¿Se puede predecir sufrimientos? Estas y muchas otras preguntas no tienen una respuesta clara y sólida en el mundo de los vivos. Lo que sí se puede asegurar es que, el sufrir no tiene amigos y absolutamente a nadie le gustaría hacerle una fiesta de bienvenida.

El sufrir es tan horrible que hasta le afecta la vida de un recién-nacido, ruina la inocencia de una adolescente y no le importa el dolor que le causa a una madre. El sufrir se puede aparecer en tu vida en cualquier instante y cuando menos tú lo esperas. El sufrir no respeta y siempre está a la espera para visitar a cualquiera. Mucho se ha dicho del amor y lo poderoso que es, pero poco se ha hablado de lo devastador que es el sufrir. Este libro se refiere al sufrimiento de una mujer. Esta es la historia de Ruthie.

Capítulo 1

Sus Primeros Encuentros con el Sufrir

Todo ser humano, sea niño, joven o adulto, siempre tiene una historia que contar. La vida es una jornada llena de etapas que va desde la niñez a la adolescencia y termina en la vejez. Son muchas las cosas que nos pasan las cuales nos dejan buenas y malas memorias que recolectamos en lo poco o mucho que nos dure la vida. Muchos viven etapas cortas, otros más largas; cada etapa que es vivida trae consigo una historia que queda escrita en el libro de la vida para que el escritor la interprete y la lleve a las letras. ¡Que bueno fuera si en la vida sólo pudiéramos contar las cosas buenas! Las cosas malas también se cuentan como es el caso de la vida de Ruthie. Este es el comienzo de su historia. Una historia llena de sufrimientos y decepciones. Sus primeros encuentros con el sufrir empezaron en su infancia; pero también su adolescencia fue empañada por dolores y dificultades.

Todo comenzó como a la edad de 7 añitos cuando ella, sentada en el fondo de su casa y llena de lágrimas que brotaban de sus tiernos ojos, no se atrevía a creer que la vida ya la empezaba a maltratar. El sufrimiento se hizo amigo de su familia y tocó la puerta de su hogar. El sufrir empezó a *"rondarla"* a cada instante. El sufrir empezó a hacer de lo suyo, en su mismo hogar, a manos de su propia madre. Su mamá también recuerda esa etapa como una de las más sufridas de su vida y se siente apenada por todo lo que pasó; pero hay que contar la historia, hay que contarla como sucedió. Aunque, ahora algunas cosas han cambiado y ya ellas se han perdonado, las huellas del pasado no se pueden olvidar y los efectos que éste deja duran toda una eternidad.

Memorias del pasado nos sirven de experiencia para enseñar a los demás. "*No me pegues mamá, no te emborraches papá. ¿Por qué tomas tanto, viejo? ¿Por qué se pelean ustedes? Yo no me merezco esto, ¡oh Dios mío!* Pensamientos como estos la empezaron a inquietar y se apoderaron de su joven alma. Empezó a reclamarle a la vida; sicológicamente, ya, a tan temprana edad, empezó a ser afectada su inocente mente. Todos nos preguntamos: ¿A los 7 añitos, es aceptable y normal pasar por esto? Eso es de lo más salvaje que la vida nos pueda dar. ¡Que trato la vida le dio a tan ingenua niña! No creo que así lo planeó el destino y mucho menos Dios.

A los 7 añitos, la vida le propinó a Ruthie su primer golpe. A esa corta edad le diagnosticaron Distrofia Granular en los ojos—enfermedad que afecta la córnea de los ojos y que disminuye la visión por completo—Esta enfermedad empeora a través de los años al punto que las personas se pueden quedar ciegas. Ese fue su primer encuentro con "el sufrir." A una edad cuando a penitas empezamos a tener conocimiento de nuestra existencia; cuando nuestra mente se hace curiosa por explorar más; cuando empiezan ciertas inquietudes por saber más de la vida; cuando aún nuestro cuerpo no ha crecido, o nuestra mente no ha madurado lo suficiente; cuando a penitas nos estamos preparando para afrentarnos a la vida; cuando ni siguiera estamos preparado ni física, emocional o mentalmente, la vida abusó de ella. A esa edad ya el sufrir la acosaba y su cuerpo empezaba a sentir los efectos y las huellas que éste deja.

Es un abuso cuando el sufrir aparece sin que tú lo busques; cuando el sufrir entra a tu vida sin pedirte permiso. El abuso se considera mas grande cuando lo sufre una niña que no está preparada para combatir o hacerle frente al peligro que la asecha. Una niña que a penitas conoce el abecedario; o quien sólo puede conjugar algunos verbos. ¿Cómo puede la vida tratar a un niña de esa manera? ¿Será que Dios no tiene consideración por los inocentes? ¿O será que Dios nos quiere enseñar algo a través del sufrimiento? Debemos entender que hay muchas cosas en la vida contra las cuales no tenemos control alguno; y el sufrir es una de ellas.

Sus padres la llevaron al médico. Constante dolores de cabeza sufría todos los días. No veía bien la pizarra, la vista empezó a fallarle, sus compañeros de escuela empezaron a notar su enfermedad al verla con espejuelos; eso la incomodaba muchísimo por no leer bien, además de ponerla en desventajas con los demás estudiantes; pero aun así, su nivel académico no disminuyó. Se mantuvo interesada en actividades de su escuela y nunca perdió el deseo de estudiar a pesar de la dificultad que la vida le presentaba. Su periodo de niñez fue horrible y desagradable porque a esa edad no poseía las herramientas necesarias para salir victoriosa.

La niña Ruthie no consiguió ayuda ni siquiera en su hogar. Sus padres no le dieron el soporte que normalmente se ve en una familia. Su mamá no la ayudó a superar esa etapa dificultosa de su vida; y no reaccionó como se espera de una madre; pero lo que es peor y más doloroso, es que su madre la maltrató física y sicológicamente al darle un trato muy duro. "*Mi madre nunca me motivó a crecer, en ocasiones me maltrataba físicamente y me llamaba bruta.*" Es tanto el efecto que esto dejó en Ruthie, que su corazón se entristece y sus ojos se llenan de lágrima cada vez que cuenta esta etapa de su vida. ¡Que golpe más fuerte es el ser ignorado aún por nuestra propia familia! Y más aún cuando este maltrato viene de nuestros propios padres.

¿Es justo que estas cosas le pasen a una niña de su edad? ¿Es justo que una niña que apenas empieza a ver brillar el sol de la vida escuche palabras tan fuerte como esas? La respuesta es un resonante "No." A eso se le llama maltrato infantil. Es como ocasionarle una profunda herida a un inocente que dura una eternidad. A Ruthie le ha tocado vivir con esa herida.

Muchas veces decimos palabras que afectan a nuestros seres queridos por el resto de sus vidas, Ruthie fue muy afectada por eso. Su madre le decía palabras muy fuertes; demasiado fuertes para una niña a su edad. El comportamiento de su papá también afectó su niñez; pero, se puede decir que un poco menos. "*Mi papá es una tremenda persona, y yo lo quiero muchísimo*," confiesa Ruthie. "*Cuando mi viejo me falte se me va a ir una parte demasiado grande y bella de mi vida*," comenta Ruthie cada vez que habla de su padre.

Sufrimientos vinieron de parte de su padre de una manera diferente. Su padre era un hombre que velaba por su hogar; él era muy dedicado al trabajo. Un gran agricultor entregado a sus cosechas. Su viejo empezó a refugiarse en el alcohol. Desde temprana edad empezó a tomar y arrastró este vicio al matrimonio. Fueron mucha las noches que él llegaba borracho golpeando la puerta, gritando a su esposa. Ruthie se escondía cuando su padre le gritaba a su mamá. "*Por favor no le abras la puerta mai, esto me da mucho miedo*," llorando sosegaba la niña Ruth. Se escuchaba del lado de la puerta las palabras de un hombre borracho que poseído por el alcohol y transformado por el vicio daba gritos de amenaza.

Su padre maldecía y repetía constantemente "*las voy a quemar, las voy a matar.*" Comenta Ruthie que su padre "bueno y sano," es muy diferente; pero que borracho, el alcohol lo controla y lo vuelve loco. Su padre se transformaba en otra persona. "*Es como si algo demoníaco se apoderaba de él y lo hacía actuar sin razón*," dice Ruthie. Su viejo era adicto al alcohol porque empezó a tomar y a abusar de éste desde muy temprana edad. Era tanto el efecto que el alcohol le causaba a su padre que muchas veces llegaba a la casa arrastrándose por el suelo a la mirada curiosa de toda la vecindad. "*Un día*, dice Ruthie, *mi viejo estaba borracho y se fue a la tala donde había sembrado plantas de guineo (Bananas). La tala era un poco inclinada y las plantas de guineo crecieron en la parte elevada del terreno. Mi viejo cortó un ramo de guineo y éste se le cayó y empezó a rodar a lo largo de la tala; él en su intento por agarrarlo, se tropezó con una piedra y empezó a rodar con el guineo. Estaba tan graciosa la escena que adelante iba el guineo y mi padre rodando como una bolita lo seguía.*" Hoy en día su papá no consume alcohol y está más saludable. "*Doy gracias a Dios por el cambio que mi viejo tuvo. Ahora él es una persona totalmente transformada*," contenta dice Ruthie.

Golpes, maltratos y desilusiones siguieron. En un atento por controlar su Distrofia Granular, sus padres la llevaron a tratamiento por varios años. La enfermedad empezó a causarle más problemas al punto que se tropezaba con objetos a cualquier lugar donde iba. Doctores de su pueblo sólo la examinaban, pero nunca intentaron hacerle cirugía; ellos nunca hicieron mucho por detener el avance de esta Distrofia para hacerla sentir mejor. Así ella se mantuvo como por tres años. Inquieta y preocupada por lo que le estaba pasando se sentía un poco infeliz.

Lloraba mucho, sus ojitos eran siempre un pozo de lágrimas; sus noches empezaron a hacerse amargas, largas e interminables; pensaba en su mamá y en la manera como ella la trataba. "*Mi mamá nunca me trató como yo esperaba; me maltrató mucho sicológicamente; aún me acuerdo de las cosas que me decía. No sé si la he perdonado por completo, pongo en duda que lo he hecho porque cuando recuerdo estas cosas siento un tipo de rencor que endurece de nuevo mi corazón. Por esto he luchado una barbaridad; un día se lo confesé a mi madre y ambas lloramos. Quisiera estar 100 por ciento segura que nos perdonamos; bueno, creo que en ese momento iniciamos camino al perdón,*" aclara Ruthie.

Su madre también esta sicológicamente afectada por lo que vivió con su marido. Ella tenía muchos problemas con el papá de Ruthie. Era todo un tormento cada vez que su papá se emborrachaba y hasta maltratos le daba. De modo que en ella también se sembró un odio y reproche contra los demás a su alrededor incluyendo a Ruthie. Podemos decir que ella reaccionó como muchos lo hacen. Cuando nos vemos en medio de una tormenta, muchos de nosotros reaccionamos a la crisis que la vida nos está presentando en ese momento. La vida siempre nos lanza tormentas a ver si caemos, y si no tenemos fuerzas y creemos en Dios, muchos caemos en un hoyo tan profundo que somos incapaz de levantarnos. Muchas veces arrastramos con ese odio y afectamos a personas cercanas y queridas; es como si estuviéramos cobrando a nuestros hijos las cuentas que debemos de cobrarles a otros.

Ruthie se puso muy rebelde con sus padres, pero lo demostraba poco por temor a que la trataran peor. Sus sentimientos conflictivos la hacían pensar mal y bien de sus viejos. Es algo muy duro de creer. Sus padres recuerdan muy poco lo que pasó, pero el daño ya está hecho. "*Son cosas que nunca se olvidan,*" dice Ruthie. "*Aunque tenía muy pocos añitos, me acuerdo como ayer. Es lastimoso decirlo, pero lamentablemente esa es la historia de mi niñez,*" tristemente expresa Ruthie.

"*Uno de estos recuerdos dolorosos pasó cuando yo tenía 5 añitos. Un día, en la casa de mi tía Luz María, bien de tempranito, mi mamá me desnudó en una jalda que estaba cerca de mi casa (Jalda es un camino tipo subida). Me dio un baño de manguera con agua muy fría. Creo que lo hizo a propósito para que mi tío me viera desnuda,*" dice Ruthie. "*Lo doloroso y abusivo de esto es que también lo hizo en frente de muchos vecinos quienes fueron testigos de este abuso físico. Eso me dolió muchísimo y hasta la fecha de hoy lo recuerdo con dolor. También recuerdo en otra ocasión, mi mamá me puso bien bonita—mi mamá le gusta mucho la limpieza y también le gusta vestirse muy bien y elegante como una típica puertorriqueña—ese día me tropecé con algo en el suelo y ensucié mis ropas, mi mamá me jaló muy fuerte y me tiró debajo de una meza,*" continúa diciendo Ruthie.

Mientras todas estas cosas pasaban su corazón empezó a llenarse de rencor y odio. Ella sentía que su mamá no la quería porque siempre la regañaba como si ella no era su hija. "*Mi mamá nunca se sentaba a hablar conmigo como normalmente lo hace una madre con una hija. Me trataba muy diferente que a mi hermano mayor, creo que a él lo quería más que a mí,*" dice Ruthie con tristeza en sus ojos. Quizás sea por eso que Ruthie se sienta más cercana en sentimientos a su papá que a su mamá, pues con él nunca tuvo problemas mayores o discusiones severas.

La reconciliación con su madre vino años después. En una de esas tantas visitas que su madre hizo a Míchigan, su mamá tuvo la oportunidad de sentarse con ella. Allí en la mesa de su casa su madre lloró y le pidió perdón por haberla tratado muy fuerte cuando jovencita. "*Mi vieja también me confesó que su amargura venía desde que se casó con mi papá. Fue tanto el dolor que mi madre tenía en ese momento que se sentía culpable por el trato que le dio mi papá. Ella se sentía muy apenada por haber abandonado el hogar en una ocasión; precisamente, por la mala vida que estaba llevando en su hogar a manos de mi papá,*" dice Ruthie.

La sincera confesión de su madre no se hizo esperar más; y así, en la mesa, besando y abrazando a Ruthie, su madre abrió su corazón y le pidió perdón: "*Tu padre me trataba muy mal y ya no soporté más. Me fui con un señor a Santo Domingo que me ofrecía cuidado para ustedes. Yo no tenía trabajo, ni "na" (nada) que darles a mis hijos es por eso que busqué refugio y protección en los brazos de un hombre. Yo no lo amaba, sólo quería alejarme del mal trato que tu papá me daba. Eso no le gustó mucho a tu papá y me amenazaba con quitarme los niños; yo asustada y sin tener muchas opciones volví de nuevo con él. Creo que producto del mal trato que el viejo me dio yo te trataba mal y deposité mi odio en ti, sin pensar que tú estabas en una edad cuando más me necesitabas, perdóname hija.*"

Su mama aún tiene un carácter fuerte. En ocasiones, saca a deducir su carácter; pero ahora está más calmada. Se nota más tranquila y ya no lleva esa vida de angustia que llevaba antes con su marido. Los años han hecho una tremenda diferencia en ella. También va a la iglesia y ahora tiene una mejor relación con Ruthie. "*Recuerdo también que al comienzo, cuando empezó a visitarme en los Estados Unidos, siempre trataba de imponer su dominio. Varias veces me afrentaba y molestaba con ella. Un día tuve que abandonar mi propia casa porque no soportaba más su actitud conmigo. Me fui a un hotel de la ciudad para alejarme de tanta presión en que me ponía mi mamá. Ese día me compré unas cervezas, me las tomé y allí dormida en el hotel me quedé hasta el día siguiente. Gracias a Dios las cosas fueron mejorando a través del tiempo; y ahora puedo decir con orgullo que tengo paz con mi mamá y también con mis hijos,*" con alegría expresa Ruthie.

El Sufrir la Asecha de Nuevo

"Ya cuando empezaba a desarrollarme para convertirme en una adolescente, de nuevo le vi la cara al sufrir." La vida la estaba preparando para incomodarle sus primeros años de juventud. El peligro la empezó a acechar desde joven y en su adolescencia vio por primera vez el acosamiento de la malicia. *"Yo tenía como 13 años y era demasiado inocente, no había aprendido mucho de la vida, y muchos menos se me había hablado de hombres en mi casa. Mai tenía una tía que vivía muy cerca de mi casa a quien se la pasaba visitando. Siempre me llevaba con ella. Mi tía tenía una tiendita y muchas veces mi mamá se iba con ella a atender la tienda. Mai se pasaba horas con ella y me dejaba sola con mi primo" Era el hijo de mi tía y tenía 17 años. Desde jovencito este primo me decía cosas, me acosaba mucho, pero yo no le hacía caso. Pensé que era una cosa de niño, pero ya mayorcito y comportándose de la misma manera, me empezó a preocupar su actitud. Una tarde me quedé sola con él en casa de mi tía y él trató de abusar de mí. No sé qué "Carrizo" le pasaba por su mente que me quiso tocar en zonas prohibidas. Me sentí tan acosada y desesperada que rogaba en ese momento que mi madre apareciera. Eso me trajo miedo y pavor y me traumatizó un poco, creo que eso era la preparación para lo que venía más luego. Después yo supe que él estaba en el mundo de las drogas las cuales le trajeron como consecuencia su propia muerte."*

Sufrir nos da Esperanza

Cuando eres niño, si sientes que tus padres no te aman, normalmente cuando creces, siempre vas a pensar que nadie en el mundo te ama, y que todos te van a rechazar. Muchas veces nos sentimos que las aflicciones nunca se irán de nosotros. Es como cuando llueve y nunca escampa. Pareciera que todo se nos viene abajo; que la lluvia de la maldición nunca cesará. Los días y las noches son tan tormentosos que nunca vemos solución a nuestros problemas. Pero cuando llega Cristo, hay cambios, cuando regresamos a Él, nuestro pensar es diferente.

Debes de creer que el Señor nos acompaña en nuestros sufrimientos, y debemos de apegarnos a la idea de que *"después de la tormenta viene la calma."* Cuando llega Cristo, la lluvia de la maldición se convierte en lluvia de bendición, porque aunque no lo creas, en el sufrimiento Dios te hace más fuerte. Tu consuelo esta en Romanos 5:3-5, *"Y no sólo esto, sino que también nos gloriamos (regocijamos) en las tribulaciones (sufrimientos), sabiendo que la tribulación produce paciencia; y la paciencia prueba; y la prueba esperanza."*

Cuando el corazón está roto y sufrido, la cabeza no trabaja; y empiezas a hacer cosas fuera de lo común; sin pensar o poner atención a lo que estás haciendo. Cuando no tratamos de corregir lo que está afectando la aflicción, esto puede llenar tu corazón de odio. Y hasta tu comportamiento pudiera cambiar. Quizás, te pegues a las drogas, o empieces a tomar alcohol para tratar de olvidar el momento de amargura; pero más de una persona te puede decir que *"cuando el alcohol se va, la realidad regresa."* La cura no está en las drogas ni en el alcohol porque cuando ellas se van, la realidad sigue allí donde la tenías antes de empezar a consumir drogas o bebidas. Cuando a tu vida diaria no le hayas solución, piensa que tu esperanza está en Cristo. Creer en Él es el primer paso para curar tu corazón dolido.

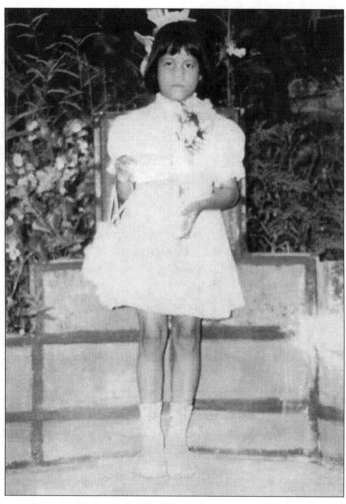

La niña Ruthie a la edad de 6 años—su cara muestra
seriedad y tristeza a tan temprana edad.

Refugiándose en la Iglesia

Poco a poco su tristeza se fue notando. Su niñez empezaba a dar expresiones de soledad y sufrimiento. No deseaba estar con nadie. Cosas en el hogar ya le estaban afectando su mente inocente y ternura de niña. Su deseo mayor era crecer lo más pronto posible, madurar como persona y empezar su propia vida. *"Me refugié en la iglesia para apaciguar mi dolor. Deseaba que Dios hiciera algo conmigo."* Nos pasa a muchos, al no ver respuesta en lo buscado; o protección en el hogar; nos refugiamos en algo donde nos podamos sentir mejor. Quizás sea para aliviar la agonía del corazón o buscar compañerismo. En medio de tantas conflictivas emociones y debilidades siempre nos hace falta un poquito de ese "algo" que nos ayuda a restablecernos; que nos da fuerzas para seguir viviendo. Todos deseamos vivir, no sobrevivir. Y la iglesia fue un buen refugio para la niña sufrida.

Ruthie empezó a asistir a la iglesia. La iglesia la ayudó a consolar su dolor y a olvidar un poco sus penas. Se refugió en la iglesia, se hizo amiguita de muchos niños y empezó a formar parte del coro de niños de la iglesia. Fue en la iglesia donde Dios le dio la dicha de pertenecer a un grupo musical llamado "Rayitos del Sol." Con este grupo se destacó como acordeonista y pianista; y tuvo la oportunidad de visitar los países de Costa Rica y Alemania donde demostró su talento musical. *"Caminaba solita a la iglesia, de mi casa a la iglesia eran como tres millas. Mis vecinos siempre me veian caminar solita todos los domingos para reunirme con mi grupo. Ese fue uno de los mejores tiempos de mi vida,"* cuenta ella, *"ese periodo de mi vida me dejó muchos recuerdos bellos."*

Aun ella recuerda la primera nota musical que su profesor le enseñó. *"¡Como quise a ese señor! A quien considero un amigo, un gran maestro, una bella persona. Por cierto que se llamaba Mister Scott. A él le debo mi pasión por la música, sufrí muchisimo cuando el señor Scott murió. Me dolió cuando me lo dijeron, pero más me dolió porque no pude estar en su entierro. Sólo me queda la satisfacción de que meses antes que él muriera; y quizás como un* pequeño regalo de la vida, yo visité a Puerto Rico. En ese tiempo tuve la dicha de visitarlo y recordar mi niñez con él antes que partiera de este mundo. Su recuerdo quedará en mi corazón por el resto de mi vida. Sus enseñanzas nunca las olvidaré. Su muerte me causó mucho dolor, pero sus enseñanzas me dejaron alegrías y placer como ser humano."

"Rayitos del Sol" la mantuvo en la iglesia, y muy cerca de Dios. Este era un grupo sólo de niños, dirigido por este tremendo hombre de descendencia Alemana. El grupo estaba formado de varios vocalistas, pianistas, acordeonistas, y otros que tocaban campanitas. Ella tocaba el acordeón, cantaba y tocaba campanitas; tiempo después se interesó en aprender a tocar piano. "Mi maestro, siempre atento a mis inquietudes, o tal vez por el cariño que me tenía, me enseñó a tocar piano también." ¡Qué lindo periodo de mi vida viví! Lo extraño tanto. La música empezó a ser mi terapia para apaciguar los dolores que sufría en mi hogar; la música endulzó mi alma dolida que carecía de amor; la música la llevo por dentro gracias a la semilla que mi maestro Scott sembró; y también al despertar que Dios me dio. Cuando empecé con el grupo yo tenía como 6 años. Recuerdo que viajé a varios pueblos de Puerto Rico con el grupo. Fuimos a varias iglesias asociadas a la nuestra. La agrupación tenía un pequeño autobús (Lo que llamamos "guagua" en mi isla). Esta guagua la compró mi maestro gracias a las donaciones de las ofrendas que colectábamos en las iglesias hermanas. Así conocí más a mi adorada isla."

"Rayito del Sol" se hizo famoso en Puerto Rico y fuera de éste. Ruthie también pudo viajar a los estados de Connericut y Philadelphia. Las iglesias se llenaban. Muchos de los himnos y canciones del grupo servían de consuelo y soporte espiritual a todas las iglesias donde se presentaban. Fue tanto el éxito que hasta un disco "Long Play" hicieron. Este disco se reprodujo y se vendía en las iglesias para mantener al grupo activo y por mucho tiempo. "En el grupo hice una buena cantidad de amigos y fui la admiración de mi maestro," dice Ruthie. Fue tanto la admiración de su maestro que él la llevó a Alemania a conocer a su familia; y también al volcán Irazú en Costa Rica pagándole todos sus gastos. Viajó sola con él y pasó como dos semanas en esos países. "Recuerdo que lloraba mucho porque extrañaba a mi madre. Yo le tengo pánico a los animalitos y en Alemania había muchas lagartijas; verlas me sembraba Terror; y hasta me daban ganas de salir corriendo. Mi maestro me daba palabras de aliento y eso me hacía sentir mejor." Su maestro era como un segundo padre para ella; siempre la trataba con respeto, la cuidaba y nunca permitió que le pasara algo malo. "Mi mamá confiaba mucho en él, fue por eso que le dio permiso para sacarme del país varias veces. ¡Ese señor sí que me quería! A lo mejor veía reflejado en mi rostro tristeza y dolor que quiso mostrarme la alegría que me faltaba en mi hogar," tristemente confiesa ella.

Todos necesitamos de alguien en quien refugiarnos; bien sea en la iglesia, un amigo o un familiar. Todos deberíamos de tener un sistema de soporte en la vida que nos ayude a triunfar; o a apaciguar nuestros dolores. En tiempo de crisis es cuando más necesitamos de alguien que nos pueda ayudar. Cuando se nos ponen las cosas duras nos damos de cuenta que no podemos solos, que necesitamos de ese "alguien" para que nos dé una mano y nos ayude a levantarnos cuando estamos caídos. En el caso de Ruthie, ella buscó refugio en Dios; y desde jovencita se apegó a lo que el salmista dice en Salmos 91:2 de las sagradas escrituras—"*Diré yo a Jehová: Refugio mío y fortaleza mía; mi Dios en quien confiaré.*" Refugiarse y confiar en Dios la ayudó a crecer como adolecente y la preparó espiritualmente para lo que le estaba por venir.—Más sufrimientos, más dolor.

Capítulo 3

Otro Encontronazo con "el Sufrir"—
El Descarado Carlos Justino

Muchas veces nos preguntamos por qué nos pasan malas cosas y nunca encontramos una razón. Hacemos lo mejor que podemos, intentamos hacer lo correcto; y aun así, lo malo no nos deja de acechar y presentarnos situaciones difícil de explicar. De nuevo Ruthie se encuentra con el sufrir. Esta vez en las manos de su primer amor – Carlos Justino - a quien amó y odió con mucha intensidad. *¿Qué hice para merecerme esto?* Se le escucha decir muchísimas veces al recordar esta atormentada etapa de su vida: La etapa de su primer matrimonio. "*Loqueras que le dan a uno por salir de su hogar,*" se le suele decir en ocasiones. Deseaba irse lejos de su casa porque estaba presionada por lo que estaba sufriendo en el hogar. El mal trato de su madre y el susto que siempre le ocasionaba su papá cada vez que se emborrachaba la hacían sentir agonizada.

Desde que tenía 15 años deseaba irse de la casa. Muchas veces compartió este deseo con su novio Carlos Justino quien constantemente insistía en sacarla de su casa; o de embarazarla para alejarla de sus padres. No lo hizo a tan temprana edad porque deseaba terminar sus estudios de bachillerato con la idea de convertirse en enfermera en un futuro no muy lejano. Siempre pensó que cuando cumpliera los 18 años se iría fuera de Puerto Rico sola o con su novio. "*Cualquier cosa es mejor que vivir en esta agonía,*" siempre decía. Deseaba emprender un nuevo camino, una vida distinta y buscar amor, consuelo y protección uniéndose en matrimonio con su novio con quien ya tenía 4 años de amores.

Al culminar la escuela secundaria; y ya cumplido los 18 años de edad, se viene a Waukegan; y por supuesto Carlos Justino la siguió, le propuso matrimonio y se casan en ese pequeño pueblito de Illinois. Se casó por civil con un hombre 5 años mayor que ella. Su primer Carlos, así lo cataloga. Después de un largo noviazgo donde muchas veces se veía a escondidas con él por temor a sus padres, ella acepta probar la vida matrimonial con el hombre que visto desde lejos lucía como su refugio. "*Me casé enamorada y llena de esperanzas.*" Ya tenía 4 años de amores con Carlos y eso le pareció tiempo suficiente para conocerlo y aceptarlo como esposo.

Carlos también, muy enamorado de Ruthie, y antes de casarse con ella, la trataba con cariño, la hacía sentir querida y siempre le mostraba su amor. "*Vamos a tener un hijo,*" un día le dijo. "*Deseo eso como muestra de tu amor,*" insistía con ella cada vez que se veían. Para muchas personas de su edad, esto parece una cosa muy bonita, fácil de digerir por una adolescente de su edad; pero a los 15 años ella no estaba emocional y mentalmente preparada para tomar una decisión de esa magnitud. Además, a los 15 años apenas una adolescente está empezando a conocerse como mujer; aunque a los ojos de muchos, su apariencia física diga todo lo contrario. La idea de tener un hijo a los 15 años no le pareció muy buena idea a Ruthie; y más aún, no aceptable moralmente porque ella se había criado con principios cristianos. Principios que aprendió en su tiempo de consagración en la iglesia.

Estamos viviendo en un mundo que requiere que le demos mucha atención a las cosas antes de tomar decisiones. Muchas veces tomamos decisiones sin pensarlas o estudiarlas; y eso más adelante nos trae consecuencias graves muy difíciles de superar. Lo que poco se planea, resulta inefectivo al punto que un día desvanece. Muchas cosas nos salen mal porque no las pensamos bien. Carlos Justino, para ser más detallista, le salió un hombre malvado. Hay hombres malos, opresores y sinvergüenzas; ser malvado es una combinación de los tres. Hombres malvados son hombres sin "*escrúpulos*" que lo que desean es hacer daño cuando se ciegan por los celos y la crueldad. Y Carlos Justino fue uno de ellos, al punto que imprimió en Ruthie una herida que hasta ahora ella no ha podido curar. De eso hablaremos más adelante. "*El hombre me salió muy malo, mamá,*" muchas veces se lo repetía a su madre.

Carlos Justino llenó su vida de crueldad, de humillaciones y desesperanzas. Con él tuvo su primera hija. "*Me quería matar cuando me enteré que estaba embarazada; levanté llanto al cielo y le dije a Dios que no lo deseaba; hoy, al recordar lo vivido, me arrepiento por haberlo dicho pues mi Hija—Adamaris—creció para llenarme de orgullo y traerme alegrías donde tristeza existía. Ella creció para sobrepasar esa negra y oscura etapa de mi vida. ¡Mi pobre muchachita,! su padre nunca la vio crecer, ni le dio el soporte o protección que una nena debe tener a esa edad, eso lo hace aún más malvado,*" confiesa Ruthie.

Cuando Adamaris nació, Carlos Justino insistía que ella no era hija de él. Su comportamiento no lo entendió nadie, ni la misma Ruthie ya que él fue su primer hombre; el hombre con quien perdió su pureza de mujer—su virginidad.

Carlos Justino la amarraba y la celaba hasta de su propia sombra. Su crueldad era tanta que abusaba sexualmente de ella y muchas veces la sodomía. La violaba repetidamente hasta hacerla sangrar. Sangraba producto de ese acto sodomítico. Fue tan malvado y abusador que la amarraba con sogas en una cama de barandas, y así abusaba sexualmente de ella. La golpeaba para doblegarla a que se quedara tranquila mientras el cometía este salvajismo. "*Carlos Justino era una lacra humana por abusar sexualmente de mí; miles de veces le dije que era una basura.*" Ruthie luchaba por salirse de esa humillante situación; pero sus fuerzas no se podían medir con las de ese perverso. Carlos era un hombre muy fuerte; practicaba boxeo y levantaba pesas, eso lo llevó a participar en físico-culturismo al punto que se convirtió en Míster Fajardo (Pueblo donde vivía) antes de conocer a Ruthie. El día de la boda fue bonito, no hubo "Luna de Miel." Del registro civil a la casa, de la casa a la cama, de la cama al embarazo. La felicidad sólo duró dos semanas.

Después de dos semanas de casada empezó el gran tormento. "*Nunca me dijo porque cambió su actitud conmigo. Sólo recuerdo que él se molestó muchísimo un día porque pensaba que yo estaba evitando estar embarazada. Pasó un tiempo y nos vinimos a los Estados Unidos, en Michigan, en casa de mi tío Chelo. Empezó a sufrir de celos enfermizos, empezó a celarme hasta de mi tío. Sólo vivimos un mes en casa de mi tío.*" En vista a los muchos abusos presenciados por un vecino, su tío Chelo le dijo a Carlos Justino que se tenía que ir de la casa; sin embargo, deseaba que Ruthie se quedara. A Carlos Justino no le quedó otra alternativa que arrancarse con Ruthie para el estado de Tennessee donde él tenía familia. Allí vivieron como tres meses. Los abusos y los celos siguieron. "*Empezó a celarme hasta de su primo,*" dice Ruthie. Atormentada y hastiada de la vida que estaba llevando con Carlos Justino, Ruthie decidió llamar a su mamá y le pidió ayuda. Su mamá estaba visitando a su hermano en Waukegan, Illinois y le envió un dinero.

"*Cuando el dinero me llegue me voy a escapar y ese perverso nunca más me verá la cara,*" dijo Ruthie. Carlos Justino ya sospechaba que ese dinero iba a llegar y le hizo guardia al buzón del correo por varios días. Cuando el dinero llegó, Ruthie no lo vio y él se apoderó de éste. "*No te voy a dar ese dinero,*" le replicó en su propia cara. "*No te voy a dejar ir a algún sitio*", le repitió varias veces. Muchos pensamientos pasaron por su mente. Deseaba escaparse de ese malvado a como diera lugar; pensó hasta en pedirle un "*pon*" a un camionero (gandolero) e irse bien lejos donde nadie supiera de ella. Esto nunca sucedió porque Carlos Justino la vigilaba constantemente; hasta a la "*poseta*" la seguía.

Después de los tres meses se mudó para Puerto Rico a la casa de la mama de Carlos localizada en una urbanización llamada Río Grande. "*Allí me trataba como a una prostituta, me amarraba, me encerraba con candados. La casa tenía solamente una puerta, la cual era de rejas, de modo que yo no podía salir ni siquiera para ver a los vecinos. Una vez me cortó el pelo, me lo cortó bien cortito. Mi pelo era largo y bien bonito como el de una doncella, pero eso no le importó a él. En casa de su mama siguieron los abusos sexuales, me tenía encerrada en el cuarto todo el tiempo, él no trabajaba en ese tiempo; de modo que, Carlos Justino tenía suficiente tiempo para joderme la vida 24 horas del día si era necesario."*

Una Noche Tenebrosa

—*"Una de esas tantas noches, noche de terror y agonía, ya las luces apagadas, mi cuerpo en reposo pensaba como salir de este tormento. Mi corazón se acelera como presintiendo que algo malo me va a pasar. Siento un gran escalofrío como si algo se acerca, un algo que creo puedo reconocer; pues, me ha acosado anteriormente. Es la maldad que me sigue acosando y se empeña a romper el silencio de la noche. Así es, la maldad no duerme ni descansa, me sigue asechando, me sigue atormentando. Me siento como entre dormida y despierta, mis ojos se van cerrando, no puedo identificar si es realidad o sueño; sólo sé que siento miedo, mucho miedo. Repentinamente me despierto y me hallo con mis manos amarradas al espaldar de mi cama, quiero pensar que es un sueño; pero me despierto al sentir sobre mi el peso del cuerpo de un hombre que en su deseo de hacerme daño ya tenía un plan macabro que se empeñaba a ejecutar. Le pido que me deje, que no puedo respirar; pero él en cambio me golpea repetidamente a la cara y me dice:*

—*"Piase prosti"* así es que te voy a tratar; y no te atrevas a contarle esto a nadie para no tener que matarte y tirar tus restos a los solados bosques del Yunque (Lugar forestal en Puerto Rico) donde te vea todo el mundo.

—*"Por favor, no me hagas daño. ¿Por qué me tratas así?" Yo no te he puesto los cuernos con nadie (los cachos, o lo que es decir, nunca te he sido infiel) y mucho menos le he hablado a alguien nada malo de ti. Yo pensé que me amabas, un hombre que ama a una mujer no le hace estas cosas."*

Así se la pasó diciéndole Ruthie a Carlos Justino mientras era violada repetidamente y mientras sus partes sangraban. *"Me amarraba tan fuerte que no podía soltarme. Era un hombre muy fuerte y a su antojo no dejaba de violarme. Fueron muchas las noches que ensangrentada y llorando le gritaba en su cara que era una "lagra," un hombre sin conciencia que le daba placer practicar la crueldad."*

Sus violaciones eran diarias y se dieron por muchas noches. Su martirio era constante. Muchas personas se preguntarán por qué Ruthie no buscaba escape. *"La casita donde vivíamos* era muy pequeña y sin ventanas, esa lacra le ponía candado a la única puerta que tenía la casa. Lo peor de este caso es que estas cosas sucedían en presencia de su madre con la cual Ruthie está muy resentida. El vecino se daba de cuenta, pero tampoco hacía algo, quizás por miedo a Carlos Justino. "*Esa maldita vieja, sabía lo que su hijo hacía conmigo, pero no hacía nada para ayudarme.*" Ambos, ni el vecino, ni la vieja se atrevieron a reportarlo a la policía quizás porque le tenían miedo, estaban de acuerdo con él; o quizás porque a ninguno de los dos le importaba la vida de Ruthie. Ambos se convirtieron en cómplice de Carlos Justino, y por lo tanto se hicieron enemigos de Ruthie.

—"*Todavía padezco de ese pánico. No lo he podido superar, no he podido recuperarme de esas noches de terror.*" Carlos Justino se convirtió así en el hombre más repugnante de su vida. "*Me le escapé un día, no sé cómo lo hice. No lo pensé más de una vez. Cuando la oportunidad se me presentó, la aproveché. Recuerdo que ese día, él se levantó tarde y andaba apurado para irse a trabajar. Se le olvidó cerrar la puerta. Esperé un poco y cuando lo vi montarse en la guagua, salí de la casa. Corrí como una loca. No sabía a donde iba, Lo dejé todo. Hasta descalza salí de la casa. Sólo lo que quería en ese momento era alejarme de allí—mi infierno por 5 largos meses.*"

Carlos Justino sabía que ella ya no lo quería, que deseaba irse y terminar de una vez por toda esa mala relación. Esa es la razón porque la amarraba y no la dejaba salir de su casa al menos que ella fuera con él. "*Creo que ese día corrí como 5 kilómetros y llegué hasta donde pasaba la guagua (autobús) a la salida del pueblo. Sin dinero y sin equipaje, gritando como una loca le pedí al chofer que por favor me llevara y se detuviera en Luquillo, en la parada de la "subidita" que me llevaba hasta la casa de mis padres.*"

A llegar a casa de sus padres, su mundo se desplomó en frente de ellos. Empezó a llorar en los brazos de su mamá cuando ésta abrió la puerta. No podía creer lo que le estaba pasando; no sabía si lloraba de alegrías porque se había escapado de las garras de ese maldito; o si lloraba de odio por la desgracia que en ese momento estaba pasando. Apenas tenía 20 años, muy pronto a ser mamá, quiso probar la vida, pero ésta la trató muy mal. De nuevo se encontraba en la casa que la vio crecer. Miró hacia la sala y vio a su viejito, le pidió que la abrazara. "*Abrázame muy fuerte viejo que realmente lo necesito. La vida me jugó mal con ese hombre. No sé que hice malo, lo único que sé es que ahora mi vida empieza de nuevo.*" No deseaba por nada del mundo volver a las manos de Carlos Justino. Para ella ya ese malvado era una historia del pasado.

Recordando un Triste Atardecer

En casa de sus padres se sentía un poco protegida pero no segura. El recuerdo de los días amargos que vivió con Carlos Justino no la dejaba estar en paz. Su conciencia estaba abatida. Los días pasaban y se sentía cada día más sola y dolida. Un día, llorosa salió al fondo de su casa, escondiéndose entre en las grandes talas (cosechas) que su papá estaba acostumbrado a hacer. Su mirada se pierde en la brillante y clara noche. Se escuchan los pajaritos y grillos por todas partes; y el sonido elocuente del *"coquí"* (sapo) resonaba como eco en una cueva subterránea. Sollozando y mirando al horizonte dice:

> *"Ya la cena se ha servido, mis padres recogidos en su lecho; y yo, y yo, sigo buscando respuesta de lo que ayer me pasó. La noche va cayendo, se pone oscura, se recogen las gallinas, ya no se escucha el ladrar del perro, la luz en las casas vecinas ya se ve poca; y yo, y yo sigo mirando a las estrellas. Pienso que las toco con mis manos, me gustaría escaparme a algunas de ellas; deseo ausentarme de todo esto, para mi ya esto no es vida, ya mis deseos para seguir luchando se han desvanecido. Busco refugio y no lo hallo, creo que las fuerzas ya no me dan. Me gustaría estar soñando para no ver la realidad que tengo en frente de mi. ¡Que malo es sentirse así! Quiero pensar que estoy soñando, pero no es verdad. Debo afrentar la realidad de lo que hoy vivo."*

Se acerca a su lugar de consuelo y se sienta en su amiga secreta—su piedra—se pone las manos en la cabeza; con su pelo se limpia las lágrimas que caen como agua en la cascada. Busca salida a sus sufrimientos, pide respuesta y no la haya. No deja de llorar. Así continua su meditación: *¿Dios mío, dónde estás? Hoy más que nunca te necesito; necesito de tu consuelo. "¿Puedes por favor darme de lo que a ti más te sobra, te ruego que me des suficiente fuerzas para evitar que el sufrir no me haga tanto daño."* El frío escalofriante de la noche le pega muy fuerte, la sabanita que tenía no es suficiente. *"Necesito una sábana de tela más gruesa, una cobija; tal vez una "colcha" caliente y una almohada para mi cabeza. La verdad es que no quiero pasar más frío y necesito el apoyo de alguien, tal vez del mismo Dios. Siento la frialdad de la noche, y yo, y yo, aún sigo pensando, buscando por la repuesta de lo que ayer me pasó."* Escucha la voz de su madre que suena como ecos a la distancia. Su grito la saca de su meditación, pierde el miedo y responde a su llamado: *"mai, aqui estoy con mi amiga, la piedra con quien siempre hablo."*

"Ya es tarde," dice su mami y *"hora de recogerse." "El viejo ya se durmió."* En pocos minutos, su lugar de consuelo ya no es la piedra donde por horas se sentó, ahora es su almohada. Su lloro continúa, esta vez en forma de gemidos. Se acurruca, pone su cara entre sus piernas, no quiere que sus padres la escuchen. Sus lágrimas no dejan de recordarle que su sufrir no se fue, que nunca duerme, que aún está presente, que aun desea estar con ella, que vino para estar en

su vida sin ni siquiera haberlo invitado. *"Maldito sufrir, busca refugio en otro lugar, yo nunca te di una bienvenida y tú sin derecho alguno sigues atormentándome."* Allí en su cama pasó horas llorando *"por lo que anoche pasó."* Acobijada de pies a cabeza, la noche se le pasó hasta que el nuevo día llegó. *"Ni siquiera recuerdo a que hora finalmente los ojos se me cerraron,"* recuerda con tristeza Ruthie.

Los días fueron pasando, desolación y tristeza se apoderó de ella. La ahora mujer separada de su marido empezó a sentirse un poco incómoda en casa de sus padres. No tenía dinero y lo que era peor, ella ahora estaba embarazada. *"Me puse a pensar que si hubiera una manera de cambiar al padre de mi hija, yo lo haría; que si él cambiara, yo regresaría con él por amor a mi hija. Lo pensé muchas veces porque soy partidaria de que los hijos necesitan padre y madre,"* aclara Ruthie. Conversó con él y le habló de lo que deseaba hacer. La idea le pareció maravillosa a Carlos Justino.

Después de tantas noches de lloro y agonía y de haber planeado por muchos días lo que deseaba hacer, Ruthie aceptó irse a casa de la madre de Carlos Justino. Carlos Justino le prometió que iba a cambiar; que todo sería diferente. Ruthie lo pensó más de una vez. Pensó en su futura hija. Fue el amor por esa hija—aun sin nacer—que ella aceptó regresar con Carlos Justino. *"Creo que mi amor por mi hija se impuso; no lo hice por amor a él porque éste ya se había deteriorado, lo hice por mi hija, por mi bella Adamaris lo hice."* Pensó que en la casa de su madre las cosas serian diferente a la casita donde había vivido con él. No deseaba ir más a aquella casita donde habían vivido anteriormente; pues, allá siempre ella estaba sola y era una fácil *"carnada"* de este opresor. Pensó que en casa de la mamá de Carlos Justino las cosas cambiarían. *"Regresé con él esperanzada en que todo sería distinto; pero* *"el tiro me salió por la culata." Ese malvado empezó a tratarme peor,"* comenta Ruthie.

Estando en casa de su madre tampoco resultó beneficioso. Sus tormentos siguieron, aun en presencia de su maldita madre. La vieja y Ruthie no se la llevaban bien; y ahora eran dos dolores de cabeza para ella: El que le daba Carlos Justino, y el que le daba su madre. Eran una combinación de maldad y crueldad, amigos del mal, cómplices del infierno. Ellos vinieron a su vida para hacerle daño; eran mensajeros del diablo asignados para amargarle la vida. Carlos Justino continuó con sus osadías y abusos y empezó a tratarla peor que antes. La maltrataba y la encerraba con candados también en casa de su mamá. El corazón de Ruthie empezó a llenarse de odio no sólo por él, pero también por su madre. *"¡Esa vieja! Aun le siento rencor, ya Dios le pagará por ser cómplice de ese maldito bastardo,"* con ironía replica Ruthie. Su madre, quien sabiendo lo que él hacía, no hizo ni siquiera un mínimo esfuerzo por ayudarla; o llamarle la atención a su hijo por las barbaridades que estaba cometiendo.

Varios días pasaron, ya ella tenía en su mente la intensión de dejarlo y separarse de él de una manera definitiva. Se había dado una oportunidad con Carlos Justino, pero ya no habría una segunda vez. *"No cometeré el mismo error dos veces." "Si las cosas no se dieron como yo las esperaba, eso quiere decir que nunca se darán,"* constantemente se repetía esas palabras en su mente. *"Tan pronto tenga una oportunidad para escaparme de él, lo haré de nuevo."* Sólo que en casa de la madre de Carlos Justino no tenía chance de hacerlo porque su libertad también estaba limitada; ni siguiera podía salir de la casa porque hasta su madre estaba en contra de ella. *"Engañada fui, estúpida yo, pensé que podía controlarlo; es muy cierto lo que dice la gente que "hombre malo no se controla;" también es cierto lo que dice el dicho, "árbol que nace torcido nunca endereza."*

Ya Ruthie no soportaba más y le vino a Carlos Justino con la excusa de que ella no se sentía bien por causa del embarazo. *"Recuerdo que le dije que mejor nos ibamos a casa de mi papá porque era mejor para mi embarazo, que después que la niña naciera yo me mudaría de regreso con él."* Ella deseaba con locuras irse de esa casa por el tormentoso tiempo que allí estaba pasando. *"Tuve que convencerlo. Mi plan resultó. Salimos de casa de su mama, nos fuimos a casa de mi papá; pero una semana después le pedí que se fuera, que lo nuestro ya era imposible. Insistió en quedarse, pero logré botarlo de mi casa gracias a que ahora tenía un poco de suporte familiar bajo la presencia de mi padre. Le dije que no deseaba saber más nada de él, que se fuera de una vez por todas de mi presencia, y que no volviera jamás."*

Carlos Justino se fue ese día, pero la seguía martillando (amargándole la vida). Todo el tiempo volvía para rogarle que volviera con él; que esta vez las cosas serían distintas. Ella siempre lo rechazó. Un día él la quiso sacar de su casa a las fuerzas; pero su padre viendo eso, buscó un machete para asustarlo, caerle a planazos, o tal vez quitarle la vida. La reacción de su padre asustó muchísimo a Ruthie, quien desesperada y para evitar una desgracia decidió irme con Carlos Justino y salir de la casa como *"polvo que lleva el viento."*

Embarazada, desorientada y llena de confusión salió de su casa con él; para evitar una desgracia. Habiendo tomado esa decisión, Ruthie le rogó a Carlos Justino que por favor no la llevara a casa de su madre, pues las memorias de malos recuerdos en esa casa aún estaban vigentes e intactas. No sabían que rumbo tomar. Se fueron camino a la playa, en la vía vivía su amiga Leticia. Ella le pidió a él que la llevara a casa de su amiga para usar el baño. *"Ya, alejada de su presencia, aproveché ese momento para contarle a Leticia lo que me estaba pasando, y le dije que si yo no volvía a la casa el día siguiente, que llamara a la policía porque no estaba segura de lo que Carlos Justino pudiera intentar."* Ella estaba muy preocupada y ya le había perdido la confianza a ese cobarde y abusador de mujeres."

Mi preocupación se hizo mucho más grande al regresar a la *"troca"* (camioneta). *"Esa noche dormimos en una esquina en el puente de Vieques, cerca de muchas lanchas; dormimos dentro de su troca. Yo tenía casi 5 meses de embarazo; y ya mi "barriguita" empezaba a incomodarme.*

No pude dormir toda la santa noche, él tampoco. Discutimos toda la noche. Traté de hacerlo razonar. Todo el tiempo que estuvimos allí, le rogué que me llevara a mi casa." Varias veces Ruthie lo amenazó que lo iba a denunciar a las autoridades; y le dijo que la regresara a su casa porque la policía ya había sido informada y lo andaba buscando. "*Mi amiga ya le avisó a la policía,*" le dijo amenazándolo.

Carlos se molestó muchísimo porque la amiga de Ruthie se había enterado de todo lo que estaba pasando. Discutió mucho más con ella, la gritaba y hasta la amenazó con matarla. Fueron horas muy largas que no tenían fin. El sol empezaba a brillar en la costa de Vieques y sus rayos anunciaban el amanecer de un nuevo día. Consciente de que la policía lo pudiera estar buscando, Carlos la llevó a su casa, le pedía e insistía constantemente durante el viaje que volviera con él. "*Yo le dije que necesitaba tiempo, sólo dije eso para calmarlo.*" La llevó a casa de su papá donde después de un mes se hizo un plan para alejarse definitivamente de Carlos Justino. Su plan era desaparecer de la presencia de todos e irse de Puerto Rico a escondidas; bien lejos de la presencia de ese malvado.

Después de un mes, y habiéndolo pensado bien, se compró un pasaje por avión con dinero que le dio su papá. Se vino a Waukegan, en el estado de Illinois, a casa de su tía Lilia. "*Salí a escondidas, aun embarazada, me cubrí la barriga por sospechas que no me podían aceptar en el avión; temía que no me aceptaran así en el avión.*" En aquel entonces era muy difícil que una mujer embarazada viajara por avión sin autorización de su marido. Un temor muy grande se apoderó de ella. Pensó que no la dejarían viajar. Temía que si no la dejaban viajar, Carlos la conseguiría y la haría volver con él. Ella no quería regresar con Carlos; esa no era una de sus opciones. En el avión lloró como una María Magdalena. "*Allí en mi asiento dejé salir todas mis penas. Tuve la suerte de estar sola en esa fila. Floré tanto que la aeromoza se dio de cuenta y me preguntó que me pasaba, le dije que no me pasaba nada. Lo menos que tenía era valor o deseo de recordar lo sucedido.*"

Llegó al aeropuerto de Chicago; su tía la fue a buscar. Vivió casi dos meses en casa de su tía Lilia y luego se mudó a un apartamento con su mamá con ayuda del gobierno. Su mamá estaba ya viviendo en Waukegan porque se había separado de nuevo de su papá hacía aproximadamente un año. El tiempo de su embarazo pasó y el tan adorado día llegó. El 31 de Mayo del año 1982 nació Adamaris, su primera hija, en el hospital Santa Teresa, a las 8:27 PM. A su lado se encontraba su mamá y su tía Lilia. "*Sentí un alivio muy grande y se despejó una carga muy grande de mi vientre porque mi tiempo de embarazo no fue fácil de llevar; y porque ésta fue una epata demasiado dura para mi vida.*"

Ese día su mente descansó y se sintió más calmada. Empezó a sentirse más relajada. "*Esa noche terminó la angustia a la que me sometió el padre de mi hija y empezaba una nueva etapa para mi vida. Imaginé e Ilusioné esta nueva etapa sin angustias, sin maltratos, abusos emocionales o sexuales. ¡Que equivocada estaba!*" Imaginó e Ilusionó equivocadamente, pues la historia de "*Los Sufrimientos de Ruthie*" no termina allí. La vida le tenía preparado más sufrimientos e incomodidades. Abrumadoras situaciones que posiblemente nunca se detendrán o cesarán.

Su divorcio con Carlos Justino se realizó sin dificultades. Él no quería darle a ella el divorcio. "*Lo llevé a la corte engañado con la promesa de divorciarnos, pero que ibamos a seguir juntos; aun no tengo idea como fue que aceptó.*" Él estaba decidido a no perderla; y por consiguiente, estaba dispuesto a aceptar todo lo que ella le propusiera en ese momento. "*Estaba tan mal parado mentalmente el tipo que no le importó aceptar mi trato. Allí lo dejé, frente a la corte del pueblo, atónico, con la boca abierta, como "un pez fuera del agua.*" Él la quiso abrazar y hasta le dijo, el muy canalla: "*¿Ahora vamos a estar juntos, verdad?*" A lo que ella replicó con coraje e ironía: "*Tú tienes que estar bien loco. Contigo no regreso y mucho menos quiero saber de ti.*" ¿A quién se le ocurre salir con esa cosa sabiendo lo malo, maltratador y cruel que él se portó con ella? Ya ella se había puesto muy dura. Las situaciones vividas la habían afectado muchísimo y le importaba un "*comido*" lo que él o su familia pensara.

Lo dejó definitivamente y empezó a sentir dentro de su corazón un odio muy profundo por los hombres. Su experiencia con Carlos Justino fue desastrosa e inolvidable. Estuvo casi 4 años sola antes de enredarse en una relación amorosa de nuevo. "*Trabajé en muchos lugares tratando de salir adelante y darle a mi pequeña Adamaris un hogar fuera del calor de un padre. Eso era algo que yo nunca quise; pero si la vida lo permitió así, que podemos hacer.*" Lejos estaba Ruthie en saber que la vida ya le tenía preparada otra tormenta; otra fórmula de malicia ya estaba siendo trazada en su destino, tal vez mucho mayor de la que le había traído Carlos Justino. Su nueva tormenta ya tenía nombre asignado. "Papo" era su próximo opresor.

Una Puñalada más—La Crueldad de "Papo"

Después de un largo tiempo sola sin enamorados, amantes o maridos, Ruthie conoció a Emilio, a quien apodaban: "Papo." "*Éste era otro sinvergüenza,*" tajantemente asegura Ruthie. No lo creía así al comienzo, ni siquiera se lo imaginaba. Papo se vistió de ángel de luz para conquistarla; pero, para luego convertirse en una tormenta más, en un malvado más, de tantos que siguen sueltos en la vida. "*Después de estar sola por más de 4 años, el corazón se me despertó de nuevo y quise darme otra oportunidad para amar. Quería desafiar al destino y demostrarle a la vida que por amor vale la pena luchar.*" Cuando se enredó con "Papo," pensó que el amor llegaba de nuevo a su vida. ¡Que inocente fue al no darse de cuenta que el día que se tropezó con él, la vida la estaba lanzando a un pozo lleno de aflicciones, camino al Gólgota, camino al matadero!

Papo, como así lo llamaban amigos y familiares, parecía un hombre bueno a la vista de los vecinos del pueblo. Ella no recuerda muy bien la fecha en que lo conoció. "*Sólo recuerdo que una tarde me invitó a salir y yo le dije que no. Yo no quería saber nada de hombres.*" Papo insistió multitudes de veces y ella siempre se negaba. "*Muchas veces decimos "No" cuando en realidad queremos dar un "Sí. Creo que él percibió eso y se dispuso a conquistarme, lo logró. Ese día empezaba algo nuevo para mi. ¡Oh wow, otro hombre en mi vida! Éste sí que me salió sinvergüenza y vagabundo, malo y cruel.*" Lo maldijo muchas veces porque el maltrato que más adelante Papo le dio fue de proporciones incomparables.

Papo no era del todo mal parecido. Era flaco y de buena estatura. Eso lo hacía ver muy elegante. Por mucho tiempo ella lo vio conduciendo su "*guagua*" y no le dio importancia. Le daba "*Pons*" (paseos en su auto, aventones como dicen en muchos países) cada vez que la veía esperando el autobús. "*Parecía que me tenía mi horario estudiado y medido. Hacia tiempo que me quería "echar el anzuelo,*" dice Ruthie. Se la pasaba "*tirándole piropos*" y empezó a decirle cosas bonitas: "*¡Qué bien te ves mi reina. Nunca he conocido a una chica tan atractiva y llena* *de ternura como tú!"* En fin, Papo se lanzó a la conquista y lo logró. *"Recuerdo que siempre me montaba con él en su carrito modelo "Pinto" que era de su mamá; tanto insistió que después de 6 meses decidí aceptarlo como novio."*

Un día bien de tempranito Ruthie salió de su casa y como era de esperarse Papo la estaba vigilando. *"Esa carajita va a ser mía,"* decía con seguridad a sí mismo. Ese día, la llevó al mercadito del pueblo y le dio un beso por primera vez. *"Por poco le meto una "galleta" (cachetada), pero me aguanté."* No es que Papo no le gustaba, sólo que ella aún no quería saber de hombres. Se quedó tranquila y en su mente dijo: *"Espero que esté tomando una buena decisión al aceptar a este hombre."* Papo le prometió muchas cosas y le pidió que fuera su mujer, que él no andaba buscando una novia; sino una mujer para vivir con ella. Ese mismo día le pidió que se fuera a vivir con él a una casa que le había regalado su papá. La casita era de madera y tenía sólo una habitación. Meses después se mudaron a una casa de cemento y la amuebló muy bien. La casita estaba bien arregladita porque él tenía unos *"chavos"* ahorrados.

Las cosas en el hogar de sus padres no andaban muy bien, *"El viejo seguía consumiendo alcohol, y eso "mai" lo detestaba."* Pensó que su hija Adamaris se sentiría mejor en otro hogar fuera del abuso verbal que veía en el hogar. *"Mi viejo nunca golpeó a mi mamá, sólo que cuando tomaba a todos nos metía miedo."* Analizó la situación en que se encontraba. No podía trabajar porque Adamaris estaba muy pequeña. Sobrevivía de los pocos recursos que su padre tenía y de las viandas que su viejo vendía. Nunca pasaron hambre, a la niña no le faltó nada. *"Aunque Adamaris no tenía soporte de su padre biológico, mi viejo fue su padre en esos días."* Pensó en darle a Adamaris un calor paternal. Pensó que Papo se lo daría.

Papo no le salió como ella esperaba y lamentándose dice:

> *"¡Que desdicha! Poco a poco empecé a darme de cuenta que Papo era tan maltratador como mi primer marido. ¡Qué poca duró mi "Luna de Miel" con él! Bueno, digo Luna de Miel sin estar casada. Durante 8 meses se portó de maravillas conmigo, era muy amable y cariño; pero cuando salí embarazada con mi preciosa Dulce María, ese día mi calvario empezó. Papo comenzó a celarme, a desconfiar de mí y a maltratarme sin ningún motivo. Era extremadamente celoso. Su peor muestra de celos fue cuando me prohibió que no saliera para ningún sitio. Fue tan grande su ignorancia que millones de veces le pedí que se fuera conmigo para que viera que yo le estaba siendo fiel; y que ni con la mente lo traicionaría."*

Un día tuvieron una discusión muy grande; y él hasta la golpeó en la cara porque ella se quedó mucho tiempo en la tienda. Cuando ella llegó a la casa, él la estaba esperando sentado en la mesa del comedor; al verla le grito: "*Perra, eres una prosti;*" y la golpeó muy fuerte en la cara al punto de que ella fue a parar al piso. "*Empecé a sangrar por la boca. ¡Perro sucio! Ese día me partió un diente.*"

Ensangrentada y aun dolida se levantó. "*Le metí una patada por "las bolas." Lo dejé tendido en el piso por un largo rato. Gemía como un perro dolido. Esa fue la última vez que me tocó.*" La reacción de Papo se debió a que, ese día, Ruthie estaba pagando la factura de la luz de la casa; y había una línea de muchas personas esperando. Eso normalmente pasaba en esa tiendita, siempre había muchas gentes haciendo "*cola*." Papo se molestaba muchísimo cuando ella se tardaba; y hasta pensaba que Ruthie le estaba "*poniendo los cuernos.*" "*Por mi mente nunca pasó la idea de traicionarlo, pero él estaba tan cegado por los celos que nunca vio mi fidelidad.*"

Ruthie nunca se casó con Papo. Se pusieron a vivir juntos casi desde el mismo momento cuando se conocieron. "*Como a los 6 meses de estar viviendo juntos salí embarazada; él estaba muy contento por el embarazo; pero aún me seguía celando absurdamente,*" confiesa Ruthie mientras se limpiaba las lágrimas. Su embarazo no fue complicado. Después que nació Dulce María, Papo empezó a tratarla peor. "*Nunca me dijo el "porque" de su agresividad conmigo y constantemente me decía malas palabras. Yo nunca le di motivos para que me tratara de esa manera,*" asegura Ruthie.

El tiempo pasó y su relación con él iba de mal en peor, de bajo en bajo; hasta en la iglesia la vigilaba. Parecía un guardián de presidio. Se la pasaba de arriba a bajo con su carro vigilándola como si ella era prisionera de cárcel. Su hogar era su propia prisión. En su tiempo de convivencia con él, nacieron Dulce María y "Junito." Llegó el día que no soportó más; y después de casi 4 años decidió irse a casa de los viejos. "*Me fui de la casa de él a escondidas. Lo hice cuando él estaba trabajando.*" A casa de sus padres Papo siempre iba a molestarla, a reclamarle y a abusar de ella verbalmente. Era tan irrespetuoso que hasta discutía con los padres de ella y hablaba mal de ellos. "*Fue tanto el acosamiento que, un día mi papá se enojó muchísimo y sacó el machete para matarlo.*" De nuevo el famoso machete sale a la luz para asustar a otro acosador de mujeres.

La historia se repite. Ruthie estaba preocupada porque pudiera pasar una desgracia, le buscó salida a su amargura. Ya ella no aguantaba más. No quería irse de la casa de sus padres, pero tampoco a otro lugar; o esconderse en casa de alguien. "*Esta situación no sólo me estaba afectando a mí, sino también a la familia entera, fue por eso que tomé la decisión de irme a escondidas para casa de una vecina que se llamaba María.*" Las hijas de la señora María eran amigas de Ruthie por mucho tiempo. "*Ellas eran como mis hermanas,*" dice Ruthie. En esa casa se escondió por una semana fuera de la presencia de su marido abusador.

Cada día de la semana se hacía más largo, un verdadero infierno de agonía. El día primero en casa de su amiga fue pasable; pero, el séptimo día el desespero la abarcó y la hizo sentir muy desdichada. Se sentía que se escondía como "*una cucaracha en pared,*" o en medio de hormigas en una pequeña cueva. "*Ya no aguantaba más,*" impacientemente decía Ruthie. Le pidió ayuda a su hermano "Callito" quien le compró los pasajes para que se viniera a Míchigan, USA. Esa semana, escondida como si fuera una fugitiva de la justicia, fueron días que se quedarán en su memoria para siempre. "*Fue una semana fatal para mí, perdí a mi abuelito por parte de mi mamá. Él murió un Octubre 30 y yo no pude ir a su entierro, o a su velorio por temor a que Papo me viera y me hiciera daño.*"

Su abuelito era un tremendo hombre de Dios. Se había convertido al evangelio desde muy joven y sabía mucho de la Biblia. Recuerda Ruthie que él siempre le leía la palabra de Dios por las noches y tenía una gran devoción por las cosas espirituales. "*Allí, escondida, mirando por una pequeña ventana, vi pasar su funeral. Muchos le cantaban cuando llevaban su urna camino al cementerio, eran bellos himnos de alabanza que me estremecían el alma y me hacían llorar.*" Lo más doloroso es que ella no podía hacer nada, sólo mirar el funeral desde ese pequeño agujerito en la ventana de la casa de su amiga María por temor a que Papo la viera y descubriera su escondite. "*Mami me dijo después que Papo andaba buscándome por todas partes y que hasta a la iglesia fue a buscarme ese día.*" Llorosa, dolida y decepcionada de tantas malas cosas que le estaban pasando, tomó la decisión de irse el día siguiente de Puerto Rico. "*Me vine a Michigan con mis hijos y me mudé con mi hermano,*" con lágrimas en los ojos confiesa Ruthie.

Ruthie está agradecida de muchas personas; entre ellas su amiga María, quien le dio protección mientras se escondía de Papo; su amiga Juanita con quien lloró sus penas multitudes de veces; y su cuñada Berta, quien le cuidó sus hijos mientras ella resolvía unos problemas legales (de eso hablaremos más adelante); pero ha sido su hermano quien en verdad le ha extendido su mano en momentos más difíciles. Es por eso que siempre habla muy bien de él y confiesa:

> "*Mi hermano ha sido mi salvación muchas veces. Él siempre me ha ayudado y nunca me ha negado alguna cosa. Necesitada he estado y él me ha extendido su mano; enferma he estado y él me ha ayudado. Dolida me he sentido y él ha compartido mi dolor. Mucho de lo que tengo hoy se lo debo a mi hermano porque fue él quien me dio un lugar para vivir cuando yo no lo tenía.*"

Con su hermano se quedó como dos semanas hasta que él mismo le rentó una casa cerca donde él vivía. La amuebló muy bien y le regaló un auto. "*Eso se lo voy a agradecer toda mi vida,*" dice Ruthie agradecida. Fue tan generoso su hermano que no le importó ayudarla; no sólo a ella, sino también a sus tres hijos. Sin duda que la compasión, generosidad y bondad de Jesucristo se refleja en él. "*Yo misma he sido testigo de cómo él ha ayudado a su vecino o a un amigo. Me imagino que a él no le fue muy fácil tener gastos adicionales, pero lo hizo, lo hizo por amor*," continúa diciendo Ruthie. Su hermano es un hombre muy trabajador y de muy buen corazón. Él también se crió con principios cristianos como lo hizo Ruthie.

Aún, teniendo comodidad para sus hijos, comida, casa y auto; y fuera de los maltratos de Papo, Ruthie lloraba todas las noches porque extrañaba a sus viejos. Sufría por no tenerlos cerca; sin embargo, sentía un alivio muy grande en su alma por haberse separado de ese malvado, maltratador de mujeres, abusador de mujeres inocentes. "*Nunca me casé con él, gracias a Dios, creo que si lo hubiese hecho mi vida hubiera sido mucho más complicada; mi matrimonio un verdadero fracaso; o quizás hubiera tenido que luchar por la custodia de mis hijos. Años después me informé que yo no fui la única mujer a quien él maltrató, su mujer anterior también sufrió muchas calamidades por culpa de él; y al igual que yo, se le escapó un día.*" Obviamente, mujeres no duran con Papo, por no saberlas tratar. Ese es su castigo y su soledad un verdadero infierno.

Alrededor de tres meses habían pasado desde que Ruthie dejó su escondite en Puerto Rico. Consciente de que sus niños pequeños necesitaban saber de su padre, ella decide llamar a Papo. "*Sólo lo hice para informarle de los niños. Deseaba que mis hijos tuvieran a alguien a quien llamar papá. Pensé que después de ese periodo de tiempo las cosas podían estar mejor, que su actitud hacia mi había cambiado, o que me iba a hablar diferente. ¡Que equivocada estuve!,*" afirma Ruthie sin hesitación. Para su sorpresa, eso no sucedió. Hasta de ramera la trató ese día. Cuando hablaban por teléfono le hablaba bien asqueroso. "*Muchas veces le colgué el teléfono; pero aun así lo seguía llamando para hablarle de mis hijos*" Quizás se sentía sola y quería ver como él reaccionaba después de tanto tiempo. A lo mejor deseaba en su corazón regresar con él para conservar su familia y darle un padre a sus hijos. "*Años después, al acordarme de los hechos, creo que la única razón porque siempre lo llamé fue porque quería que mis hijos crecieran cerca de su padre. Dios no lo quiso así y yo hoy en día lo acepto,*" resignada dice Ruthie.

La verdad es que ella era quien siempre hacia el esfuerzo por llamarlo; y Papo a eso le dio muy poca importancia. "*No lo llamé más, perdi todo contacto con él, ni me interesé más en su vida, me concentré en mi y en mis hijos.*" Años, muchos años pasaron y en medio de uno de esos viajes que Ruthie hizo a la isla de Puerto Rico, Papo le pidió que volviera con él, que él siempre la amó, que ella era la mujer de su vida. "*Tendria que estar yo bien loca para regresar o acostarme con él. Ni Carlos Justino, ni Papo se merecen mi amor; mucho menos el que les siguió después.*" Ruthie se refería a Juan, de quien hablaremos más adelante. "*A estos tres maridos no los quiero ver ni en fotografías; sin embargo, mi cuarto fue un poco diferente. Con él tuve momentos difíciles; pero también felicidad.*" De él también sabremos en los próximos capítulos.

Este periodo de su vida fue muy duro. Era ahora necesario pasar a otra página de su historia y cerrar esta parte de su vida. Recordando sus días con Papo, ella dice:

"Así de dura nos podemos cuando se pierde o se va el amor. Cuando el amor se pierde por desconfianza es muy difícil rescatarlo. Creí que la vida me daba una oportunidad más para ser feliz cuando me lancé con Papo; y hasta le dije a mi familia: Ya es hora, necesito crecer y madurar al lado de un hombre y creo que Papo es ese hombre. Con él tuve dos hijos: Dulce María y Emilio, apodados Dulci y Junito. Creo que desde jovencitos ellos mismos se empezaron a llamar de esa manera, y así se quedaron. Un poquito más de dos añitos es lo que separa a Dulci de Junito. No me casé con Papo; nunca pensé en casarme con él. Vivimos juntos como tres años y medio. No sé cómo le soporté tanto."

"Cada vez que recuerdo estas cosas es como si las viviera, se me vienen a mi mente como si fuera hoy. Es como una película que siempre veo con sólo recordar. Dicen que las cosas malas se recuerdan más que las buenas; y eso es verdad porque fueron tantas las cosas malas que me han pasado que ni siquiera tengo espacio para las buenas. Si la vida fuera balanza y se pesaran las cosas, lo justo sería que las cosas buenas pesaran mucho más que las malas. Yo me conformaría que en mi caso el peso fuera el mismo; pero no soy tan afortunada. Las cosas malas que me han sucedido aventajan a las buenas por muchísimo. Los maltratos tanto físicos, verbales o emocionales se clavan en la mente de una persona para siempre y las huellas que dejan son imborrables, yo misma soy testigo de eso," expresa Ruthie

Papo siempre buscó una oportunidad para acercarse a ella, pero ya el daño estaba hecho. Él había destruido su alma y el maltrato que le dio dejó una huella muy difícil de borrar. La herida fue profunda, el dolor inmenso. El amor que un día le tuvo se había convertido en odio. *"Nunca más me enamoraré. Todos los hombres son unas lacras."* Ruthie nunca pensó que su corazón un día de nuevo se enamoraría; esta vez de un hombre, quien le ocasionaría un sufrir mayor el cual le dejaría una herida inolvidable por el resto de su vida. Lo que le esperaba con Juan, a quien llamaremos el perverso, nos estremecerá a todos.

Una Herida Inolvidable—La Traición de Juan

Esta etapa conyugal es considerada por Ruthie como la más dura de su vida porque envuelve a sus hijos, quienes sufrieron mucho durante este oscuro e imborrable periodo. "*Te lo avisé, te dije que no te apareciera más por casa de mami, te voy a meter preso,*" le dijo en forma molesta la ya mayor de edad Adamaris a este descarado a quien llamaremos "Juan el Perverso." Por supuesto que él no le creyó ni le dio importancia a las palabras firmes de esta hija de Ruthie. Tiempo después, investigaciones tras investigaciones este sinvergüenza terminó en la cárcel por abuso sexual e intento de violación a ambas hijas de Ruthie: Adamaris y Dulce María. Pareciera que la vida finalmente cobró justicia.

Su matrimonio con Juan la hizo pasar por un largo periodo de dolor, decepciones y lloros. Su traición le trajo una tremenda depresión que afecto sus emociones profundamente y le causó también mucho sufrimiento a sus hijos. "*Crei en él y me confié demasiado,*" dice Ruthie. "*Cuando me informé de lo que hizo no lo podia creer; y hasta lo negué, aun cuando lo estaba escuchando de los labios de mi hija Adamaris. ¡Pobre hija mia! Como me arrepiento por no escucharla a tiempo, me siento culpable de su dolor, pues yo tuve muchas oportunidades para protegerla de las garras de este traidor, y no lo hice por estar ciega de amor por este "perverso,"* reconoce Ruthie.

Perverso, sí, de esa manera lo catalogaremos. Este hombre no sólo traicionó su amor; sino que también trajo sufrimiento a sus adoradas hijas. "*Una vez más me toca sufrir—¡como si no era suficiente con lo que los otros dos malvados me hicieron pasar!*" Otra vez la vida la golpeaba de esta manera y le traía sufrimiento. Pareciera que éste estuviese determinado a nunca separarse de ella. "*Fui inocente en mi relación con Juan y descuidé a mis hijas; se las confié a él. Le puse en sus manos mis más preciosos tesoros.*" Su ceguera de amor no le permitió ver que sus hijas estaban en la "*boca del lobo*;" allí mismo en su propio hogar.

En un círculo amistoso y familiar fue como conoció a Juan. "*Juan es un desgraciado y no deseo saber absolutamente nada de él. Su familia ya murió para mí. No les tengo rencor, Dios lo sabe, sólo que tomé la decisión de apartar de mí todo lo que me trae negatividad y malos recuerdos; así me sentiré mejor conmigo misma y podré echar a un lado ese pasado horroroso.*" Conoció a Juan cuando tenía 29 Años de edad en casa de una amiga llamada Deisy, prima de Juanita, quien luego se convertiría en su mejor amiga. Deisy se lo presentó. Ese día hablaron muy poco; él le dio su número telefónico; y ella sin mostrar mucho interés, se fue a su casa.

La amistad de Juan con la familia de Deisy era de años. A Deisy y hasta a la misma Juanita, Juan también les tenía puesto el ojo, sólo que lo disimulaba muy bien cuando compartían en grupo. Se supo más adelante que Juan les decía palabras pícaras a Deisy y a Juanita cuando las veía solas. Más adelante Juanita confesó que hasta a ella misma la quiso violar. "*Muchas veces intentó besarme cuando me veía sola,*" dice Juanita. El hombre era todo un "sucio;" se vestía de "Ángel de luz" para engañar a sus víctimas. Con Ruthie era muy listo y nunca le hizo sospechar de su malicia.

Juan empezó a llamar más a menudo a Deisy para preguntarle por Ruthie. Ella no lo había llamado a pesar de que tenía su número telefónico. Días después cuando Ruthie visitaba a Deisy de nuevo, él estaba de visita. Ese día ellos hablaron de nuevo y Juan la invitó para el parque. "*Deisy me dijo que él era un buen tipo y que estaba interesado en mí. Ese día en el parque le di mi número telefónico, y así empezamos a vernos más a menudo, en parques con mis niños y otras veces en la casita que yo estaba rentando. Me llamaba casi todo los días.*" Ella no tenía trabajo y dependía de una ayuda que le daba el gobierno. Quería trabajar para mejorar su vida y la de sus hijos. Juan, quien trabajaba para un club de golf, habló con su manager, quien le ofreció a Ruthie un trabajo de medio tiempo como ayudante de cocina en las noches. Ella trabajaba como 25 horas a la semana; con eso se ayudaba un poco más.

Transcurrieron como 6 meses. Trabajando de noche veía a Juan constantemente. "*Así fue pasando el tiempo hasta que me pidió que nos hiciéramos novios; al comienzo lo pensé, pero como ya Deisy me había hablado muy bien él, tomé la decisión y me di una nueva oportunidad amorosa.* Después de todo, ella era una mujer soltera, sin marido; y lo que es más lógico, sus hijos necesitaban un padre en el hogar; una mano extra para sacar adelante su familia. "*De nuevo me equivoqué, el destino me jugó sucio al presentarme a ese hijo de perra,*" con rabia expresa Ruthie.

¡Qué destino más traicionero! Cuando pensamos que la vida nos da un cambio para bien, las cosas nos salen peor. Ese sí que es un destino cruel, lleno de decepciones, agonías y malos momentos. El destino le trajo a Ruthie desengaño; y la mala dicha con los hombres la perseguía. "*¿Qué le hice yo a la vida para merecerme esto? Ni siquiera lo sé; es más, no quisiera saberlo para no sentirme culpable, en el caso que sea yo quien tenga la culpa.*"

Juan le llevaba flores. Era bien detallista. Cuando estaba con ella era una bella persona y se preocupaba mucho por sus cosas; pero detrás de Ruthie, era muy astuto; hacía cosas a sus espaldas sin importarle un "*carrizo.*" "*Yo nunca sospeché y menos me imaginé que detrás de esa "carita de ángel" y persona cuidadosa, se escondía uno de los seres más repugnante y perverso que yo haya conocido en la faz de la tierra. Creo que mentalmente está dañado; para mí Juan es un sicópata. Con su cara de inocente hacía muchas pocas vergüenzas; al punto que abusó sexualmente de lo más bello que yo tengo en mi vida—mis hijas.*" Su rabia se nota en su rostro y sus ojos dan señales de lágrimas; de las muchas que ha derramado desde el día que se enteró de las sinvergüenzúras de Juan.

Como no lo sospechó, tampoco lo imaginó; de modo que poco a poco se fue enamorando de Juan a quien le había dado su voto de confianza con todo lo que ella tenía incluyendo sus hijas. Se casaron por la iglesia evangélica donde Ruthie asistía; pero Juan pretendía. Sólo iba a la iglesia para hacerla creer que le era fiel; pero por "*debajo de cuerdas*" era el mismo diablo. Fue una boda sencilla, sin muchos coloridos y pocos presentes. Se casaron después de tres años de haberse conocido. "*Por 3 años fue mi novio y nunca me mostró su otra cara, la cara de la traición, la cara de la maldad, la cara que me ha causado el mayor sufrimiento de mi vida,*" llorando dice Ruthie.

El matrimonio se vino abajo cuando Ruthie se enteró que la maldad de Juan fue muy lejos. "*Me lo dijo mi hija mayor—Adamaris—Mami Juan me ha estado tocando.*" Esas palabras la sorprendieron y las puso en duda; quizás ciega por el amor que le tenía a Juan. De nuevo las escuchó de boca de su cuñada; esta vez, esas palabras la hirieron. "*Recuerdo que mi hija Adamaris se lo dijo a mi cuñada cuando tenía 13 añitos—mi cuñada me lo confesó.*" No podía creer que el hombre que llenaba su vida de felicidad; ahora se la estaba llenando de sufrimientos, dolor y amargura. "*Lloré toda la noche y no podía creerlo.*" En su mente debatía la posibilidad de que era verdad o mentira. "*¿Juan tocando a mis hijas, abusando de ellas? Me imagino como se sintió mi pobre hija al pasar momentos tan dificultosos como esos. Debí tomar mas en serio sus palabras cuando me lo dijo,*" lamentándose dice Ruthie.

Nunca se lo preguntó a su hija de nuevo. En los ojos de muchas personas, Ruthie no actuó como debió hacerlo, quizás para evitarse otro dolor, o quizás no lo hizo porque estaba muy enamorada de ese hombre. "*Creo que yo contribuí indirectamente a lo que le pasó a mis hijas. Hasta dos trabajos tuve que me mantuvieron lejos de la presencia de ellas. Juan no sólo me traicionó con mis hijas, también me traicionaba a escondidas con otra mujer, pero nunca lo supe, sino después de varios años. Por estar ausente de mi hogar por horas, él se aprovechó de ese tiempo para manipular a mis hijas.*"

La manipulación y el abuso eran bien calculados. Juan esperaba que Ruthie estuviese fuera de la casa para hacer sus "*fechorías*;" y estaba muy bien informado de las horas y salidas de su trabajo. "*Me pedía besos, que me quitara las ropas. Él me decía que yo me podía quitar las ropas porque él era mi papá. Trataba de manipularme para que yo accediera y me quitara las ropas delante de él,*" confesó molesta Adamaris a las autoridades cuando lo denunció. Juan intentó tocarla en lugares íntimos, pero ella nunca se dejó. El muy perverso también lo intentó con Dulce María. La vigilaba y le decía cosas similares, pero al igual que Adamaris, Dulce María nunca accedió. "*Gracias le doy a Dios porque ese depravado nunca las violó,*" revela Ruthie. "*También doy gracias a Dios porque esto salió al aire y que de él la justicia se encargó,*" expresa con satisfacción.

Muchas veces hacemos cosas que no debemos; prometemos promesas que no cumplimos, y cometemos errores por no hacerle caso a los demás. Muchas veces nos dejamos llevar por nuestros propios deseos carnales sin pensar en el dolor de los demás. Todos nosotros, en cualquier etapa de nuestras vidas, hacemos cosas de las cuales mas luego nos arrepentimos. Ruthie confiesa que salía con Juan a escondidas, he hizo cosas de las cuales se arrepiente. "*El hecho de haber salido con Juan; incluso, después de saber lo que le había hecho a mis hijas me revuelve el estómago. Me da ganas de vomitar al pensar que fui tan débil, tan egoísta, tan descuidada. Hoy lo cuento porque me duele; me duele el haberle fallado a mis dos tesoros: Adamaris y Dulce María.*"

Juan and Ruthie trabajaban en el mismo lugar. Su lugar de trabajo también fue su nido de amor; también se veían fuera del lugar de trabajo. Se citaban en lugares donde nadie los podía ver. Hasta la oficina de su jefe fue testigo. Juan sabía donde todas las cámaras del club estaban instaladas. "*Seguí saliendo con él, aun después de saber lo que había hecho. Nos veíamos a escondidas e íbamos a hoteles a matarnos nuestros deseos sexuales. De eso me arrepiento mucho. Me arrepiento mil veces de haber cometido ese error. No sé por qué lo hice; creo que por ignorancia; o por matarme un deseo. El hecho es que lo hice muy mal,*" sus palabras expresan sinceridad y arrepentimiento. Juan empezó a ser investigado y ella decidió no salir más con él. "*Quería evitarme problemas, aunque él insistía muchas veces conmigo. Dejé de verlo definitivamente. Debo confesar que tardé mucho en darme cuenta de mis errores,*" confiesa Ruthie

Muchas veces el estar enamorado nos cegamos. Es como si tuviésemos una venda que nos cubre los ojos y el alma. No vemos las cosas como realmente son; tampoco aceptamos que estamos mal; o que nuestra pareja es incapaz de una traición, creo que eso lo hacemos para proteger con quien vivimos íntimamente. Pero es bueno despertar y ver los síntomas del peligro cuando éste asecha.

Después de eso, decidida por aclararlo todo y hacer las paces con sus hijas, se sentó con ellas y les pidió perdón. "*Gracias a Dios, ahora tengo una buena relación con ellas. Sí, ha habido muchos malos momentos, pero también buenos. Los buenos me han dado muchas alegrías. Cada vez que pasaba cerca del hotel donde me anidaba con esa "lacra," me sentía muy mal; y hasta ganas de vomitar me daban. Varios meses después pasé por el mismo hotel y lo habían tumbado; es extraño, pero eso me hizo sentir mejor. "Se fueron las evidencias cuando tumbaron el hotel,*" bromeando dice Ruthie.

Muchas cosas en una relación tienen antónimos. El anónimo de amor es odio, el de recordar es olvidar, el de matrimonio es divorcio. Divorciarse de Juan era lo que más deseaba en ese momento Ruthie porque su amor se había convertido en odio. "*Lo afrenté después que mi hija me lo dijo y el muy desgraciado lo negó; pero después que mi cuñada me lo confirmó le dije: "Hasta aquí llega lo nuestro.*" Lo botó de la casita donde rentaban; se quedó con sus hijos sola sin padrastro. Era mejor así. Ese día se fue Juan. Él constantemente la llamaba y trataba de convencerla de que lo que le dijo Adamaris y su cuñada era mentira. "*Eso es mentira Ruthie,*" le decía a menudo cada vez que la llamaba. Lo negaba una y otra vez hasta que por último reconoció su falta y le dijo que fue verdad. "*Yo le dije que no dudaba de mis hijas, que él era el mentiroso.*"

Días después la ex de Juan le dijo a Ruthie que ésta no era la primera vez que él hacía algo similar. "*En el pasado, Juan trató de violar a una de sus primas,*" dijo su ex. También a varias sobrinas en Puerto Rico, y como dijimos antes, hasta la misma Juanita fue víctima de sus garras y seducidos intentos. ¡*Que canalla*! Ese es un verdadero sicópata, un ángel de las tinieblas que se viste de luz, un lobo vestido de oveja.

"*Cuando me casé por la iglesia pensé que era para siempre,*" dice dolida Ruthie. "*Esa fecha se me borró de mi mente.*" Quizás la intensidad del suceso, le anestesió su dolor. "*De él no quiero saber nada,*" dice, e inmediatamente replica, "*no lo quiero ver ni en pintura.*" Aun ella no se explica como Juan se convirtió al cristianismo. ¡Qué barbaridad! Un cristiano de dos caras; o para mejor decir: Un verdadero hipócrita. A ella no sólo engañó, sino también a los pastores, miembros de la iglesia, familiares en general. La iglesia conoció al diablo vestido de Jesús. La fecha que sí recuerda es la del divorcio. Se divorció en 1998.

En su corazón se fue almacenando una herida. Es por eso que este capítulo se titula: "*Una Herida Inolvidable.*" El mundo no se imagina el dolor que esto genera a una madre; y mucho menos lo vergonzoso que esto es para una niña. Tu propia sangre sufriendo por algo que se pudo haber evitado con sólo poner más atención a lo que está a tu alrededor. No podemos cerrar los oídos cuando los niños hablan, no podemos dejarlos solos con alguien que no son su sangre al menos que esa persona muestre una conducta intachable; o que sea sometida a prueba a través de los años. ¿Quién se iba a imaginar que este "*Lobo*" vestido de oveja cometería semejante descaro? Pero así son muchos, se visten de ovejas; pero dentro están llenos de maldad, agresividad y diablura.

"*Ahora me duele más, cuando escribo me duele, cuando recuerdo el pasado y cuento esta historia me irrita el alma. Me estremece pensar que yo sin darme de cuenta, el día que le di el "Si" a este perverso; también estaba escribiendo mi destino; pero no sólo el mío; sino también el de mis muchachitas. ¿Quién iba a pensar que ese día se iniciaba una desgracia para mis hijas? Me duele, me duele mucho; y sin lugar a dudas esta es no solamente una herida inolvidable, pero también una herida mortal,*" confiesa Ruthie.

La investigación de este caso dejó muchas dudas. Ruthie pasó de victima a sospechosa, quizás por no haber denunciado a Juan cuando se informó del caso. "*Las autoridades pensaron que yo estaba ocultando algo y que le estaba tapando a Juan su falta por ser él mi pareja. Esto fue muy incómodo para mi y empezó a afectarme emocionalmente. Producto de esa duda, las autoridades decidieron quitarme a mis hijos hasta que la investigación culminara. Mi hija Adamaris se mudó de mi casa; me vi obligada a darle la custodia de Dulci y Junito a mi cuñada hasta que se terminara la investigación y se probara mi inocencia.*" Ese tiempo fue muy angustioso y amargado para ella.

"*Me tragaba mis lágrimas por no tener cerca a mis hijos. Busqué refugio en muchas partes. De nuevo me acerqué a la iglesia; ésta fue mi consuelo por meses y a mi casa me aferré por días.*" La corte asignó a una trabajadora social para monitorear su vida; para ver si le podían devolverle la custodia de sus hijos. "*La trabajadora social también me la puso bien difícil,*" dice Ruthie con descontento. Las visitas de la trabajadora social se hicieron muy a menudo y la hacían sentir muy incómoda; al punto que, pensó que realmente iba a perder a sus hijos.

El caso se siguió investigando y las noticias no eran buenas para Juan. Adamaris quería estar completamente segura que él fuera a parar a la cárcel. Constantemente ella estaba en comunicación con el procurador y los testimonios que surgían complicaban aún más el caso para Juan. La familia de Juan no se atrevía a decir cosas malas de él. Su anterior esposa, quien ya le había comentado a Ruthie de las cosas que Juan hizo en el pasado, decidió no hablar de las perversidades de éste. Y Adamaris tampoco quiso involucrar a su hermanita menor—Dulce María—y decidió solamente presentar su caso. Los cargos eran por intento de violación y abuso sexual a una menor.

Allí, el día de la sentencia, en frente de la corte se encontraba Juan en compañía de algunos familiares. Él estaba sentado en el piso a las afuera de la corte esperando para ser llamado. Ruthie se hizo presente en compañía de Adamaris y Carlos J quien la acompañaba para darle el soporte emocional que ella necesitaría. "*Aún recuerdo cuando lo vi sentado en el piso, parecía un perrito a quien se le ha muerto su amo. Se veía triste y afligido sabiendo que el momento de pagar por su delito le había llegado. Lo miré y realmente le sentí lástimas, aunque lo odiaba por lo que hizo, no era el momento para expresarlo.*" Juan no dejaba de mirarla mientras ella se dirigía a la puerta de la corte. El momento llegó, su nombre fue llamado, el Juez dictó sentencia y a la cárcel se lo llevaron. "*Te sentencio a 5 años de prisión por intento de violación y abuso de menores,*" dijo el Juez y culminó su caso. "*Ese día ni lloré, ni reí. Mi mente estaba en blanco,*" dice Ruthie. Ese día empezaba un nuevo renacer para ella, con sus hijas de su lado y el suporte incondicional de familiares y amigos. También para Adamaris se sellaba la triste historia que vivió a manos de los impetuosos acechos de su opresor.

Analizando lo Sucedido—Mi Hija me lo Dijo Todo

"*Mi mundo cambió una vez que finalmente lo entendí. No quería creerle a mi nena y mucho menos a mi cuñada; pero me puse a pensar—¿Dios mío, y si todo esto es verdad? Eso significa que Juan es un mentiroso, un falsante. El hombre en que yo confiaba le había hecho daño a mi nena. Adamaris me lo dijo, pero nunca lo creí completamente, siempre tuve mis dudas. Pensé que ella estaba exagerando; y como yo amaba a Juan, me dije: "Voy a pedirle a ellas que no le "echen más candela al fuego;" que no pongan las cosas peores. Me dejé llevar por mis sentimientos, permití que mi amor por él sirviera de cubierta a su pecado, tapara la agonía de Adamaris. No sé por qué lo hice; pero ya está hecho. Lo hice por el amor que le tenía a él.*"

"*¿Qué hago?, me dije muchas veces. Ese día fue muy oscuro, nada me parecía Luz. Cuando mi hija me lo dijo, salí de mi casa desesperada. Deseaba estar lejos de ese lugar, no podía creerlo; deseaba no sentir ese ardor que causa el sufrir por alguien. Sufría porque había perdido a mi hija; no es para menos, mi pobre muchachita, a lo mejor se sintió abandonada sin protección alguna porque yo no le creí y porque puse en dudas su decir. Sufrí porque había perdido la confianza de mi nena.*"

"*Ese mismo día pensé en largarme de mi casa y llenar el tanque de gasolina de mi auto, me dije a mi misma: Me detendré donde el auto se detenga, donde se acabe la gasolina, allí me quedaré. El dolor era cada día mayor; parecía que era interminable. Me dije: "¿Señor, hasta cuándo?" Esas palabras no dejaban de salir de mis labios, estaba tan desesperada por escuchar algo que me diera aliento; puse el radio para ver si podía recibir consuelo; pero toda la programación estaba en Ingles; desesperadamente busqué otras alternativas y me dije: "A ver si escucho estas canciones en disco." Introduje un CD en el radio y no me gustó mucho; seguí buscando hasta que al fin uno de ellos llamó mi atención, no sólo por lo bonito que se escuchaba; sino por la letra que expresaba.*"

"*Lo escuché y medité en lo oido. "Me tocó el alma;" tanto así que aún lo tengo conmigo y es parte de mi música diaria. Cada vez que lo escucho, me causa el mismo efecto. Fue tanto la impresión que me dejó ese CD que siempre lo deseaba escuchar. Lloré muchísimo cuando lo escuché; y aún hoy lloro cada vez que lo escucho.*" El tema es escrito por Samuel Hernández y suena así:

> *Levanto mis manos aunque no tenga fuerzas*
> *Levanto mis manos aunque tenga mil problemas*
> *Cuando levanto mis manos comienzo a sentir*
> *Una unción que me hace cantar*
> *Cuando levanto mis manos comienzo a sentir el fuego*
> *//Cuando levanto mis manos mis cargas se van*
> *Muchas fuerzas tú me das*
> *Todo esto es posible—Todo esto es posible*
> *Cuando levanto mis manos//*

Cada vez que Ruthie escuchaba esa canción se bebía las lágrimas. La letra y hasta el mismo sonido eran tan poderosos que le estremecían el alma, y no le quedaba otra cosa que hacer, sino llorar. Lloraba como una niña a quien alguien le había robado su juguete más querido. Lloraba como una madre, quien había perdido su hijo. Recuerda que ese día lloró por horas; eso se repetía cada vez que escuchaba esa canción. Muchas veces en su habitación, centenares de veces en su auto, sus lágrimas eran incontrolables. "*Yo sabía que en medio de todo esto Dios estaba conmigo; aun así, mi alma sufría por la calamidad que en esos momentos yo estaba padeciendo.*"

Se prometió a si misma alejarme de los hombres y no enamorarse jamás; pero esa promesa estaba a punto de romperse cuando conoció a un hombre que de nuevo la hizo sentir amor, deseos por vivir; pero que luego se convirtió en otro sufrir en su vida: Carlos J—de él se trata el próximo capítulo.

Encuentro con la Felicidad—Aparece otro Carlos

Aparece otro Carlos en su vida. Su encuentro con la felicidad quizás sea la parte del libro más atractiva para aquellos que desesperadamente buscan la felicidad; o añoran ser feliz un día; también para aquellos que, después de tantos disturbios, desean que la historia tenga un final feliz; y que cuando el ultimo capitulo se lea, la protagonista finalmente alcance lo que tanto ha buscado – Su anhelada felicidad. En este periodo de su vida aparece su Carlos J. "*Este será el último hombre de mi vida*," así lo repetía Ruthie muchas veces. Esta relación tuvo un comienzo extremadamente poderoso. Había amor en el aire, se veía que por fin la felicidad aparecía y llegaba para quedarse.

¿Amor por coincidencia, o por causa del destino? ¿Será que ya estaba escrito en las páginas del futuro que esta relación se iba a dar? Es muy posible que ya todo esto estuviera escrito. No somos sabios y no podemos deducirlo así; sin embargo, se puede decir que, de la manera como este amor empezó y como se dieron las cosas, algo misterioso podemos concluir. El día que se conocieron es muy significativo. Su encuentro se dio un 21 de Marzo, tiempo en que empieza la primavera en los Estados Unidos; y fecha considerada como el primer día del calendario antiguo. Pudiéramos decir que Ruthie y Carlos J eran dos almas necesitadas que estaban luchando por re-encontrarse un primer día del año en tiempo de primavera. Sea el primer día de primavera o el primer día del calendario antiguo, lo importante es que ambos sintieron un atractivo muy especial cuando se vieron.

Así empezó su encuentro con la felicidad como está titulado este periodo de su vida. Ella de 40 años; él a punto de cumplir 43. Ambos lucían jóvenes en busca de alegrías. La noche que se conocieron, ella lucía un radiante vestido negro escotado atrás que mostraba casi toda su espalda. Esa noche ella lucía espléndida. Su perfume se podía oler a millas; él todo picarón, mirando alrededor a ver si detectaba a algún conocido. Se encontraron en un club donde se bailaba merengue y salsa. El salón estaba lleno y la gente casi no cabía. La mayoría presente eran latinos, muchos procedentes de Puerto Rico y América Latina. Esa noche había un concurso de baile. Esa noche ellos sólo bailaron una vez, ocasión que aprovechó Carlos J para darle su número telefónico. "*La Tenía en mi mira, y decidí mirarla desde lejos mientras ella bailaba con otros,*" expresa Carlos J con picardía. Aquella noche, a él también le tocó bailar con otras damas; pero sin que Ruthie se diera de cuenta, él la continuaba observando. Ella se notaba muy entregada a su música y en ningún momento se percató que él la miraba fijamente mientras bailaban. La noche terminó y sólo un adiós se dieron desde lejos.

Como Empezó Todo - La Llamada que los Unió

Ella recuerda que era día Lunes. Exactamente las doce del mediodía. Ya ellos se habían intercambiado números telefónicos diez días antes; pero no se habían comunicado todavía. "*Tomé la decisión de llamarlo y me dije: Lo voy a llamar, pero si no me contesta, no lo llamaré más.*" Ella no estaba muy segura en llamarlo y no buscaba novios, sólo amigos; también quería asegurarse que Carlos J ésto lo supiera. "*Si lo llamo va a pensar que soy una mujer fácil.*" No fue una decisión fácil; sin embargo, se decidió y lo llamó.

Empezó a preocuparse un poco y hasta dudó que estuviese haciendo lo correcto. Sonó el teléfono una, dos, tres, cuatro veces y él no lo tomaba. "*Estuve a punto de colgar cuando de repente escuché un "hola" y un "con quien hablo".*" Ella se mantuvo en silencio por segundos, no sabía que responder, finalmente respondió y dijo: "*¿Sabes quién te habla?* Es Ruthie, dijo ella. Carlos J aún más sorprendido que ella dijo: "*Hola, me sorprende tu llamada, pero me da mucha alegría saber de ti.*" Aún en su mente él se preguntaba, ¿*Ruthie?* Él no se acordaba de ese nombre; ni su cara recordaba, pues hacían 10 días que se habían visto en el club por primera vez.

"*Te llamé el pasado fin de semana pero nunca agarraste el teléfono. Pensé que no querías hablar conmigo,*" le dijo ella. Él se disculpó, aun preguntándose en su mente quien era esa Ruthie. "*Esa noche me diste una tarjeta y hoy simplemente deseaba saludarte. Deseo tener amigos y si no te molesta me gustaría llamarte de vez en cuando,*" replicó ella. "*Claro que sí,*" él respondió. Hablaron de encontrase en cualquier lugar, pero él prefirió que ella viniera a su casa.

Así empezaron, la cita era para el Miércoles; por cierto que ese día ella venia de la iglesia y estaba muy bien vestida, Se le hizo difícil encontrar la casa porque el numero "99" no estaba muy visible en la casa que él rentaba; además que, sus ojos no la ayudaban mucho por haber tenido una operación de trasplante de córnea días antes. Ella con dificultad veía, pues aún tenía los puntos en el ojo que le habían operado. "*Recuerdo que me atendió muy bien y hasta algo* de comer ya tenía preparado. *Muy caballeroso el hombre, no dejó de mirarme a los ojos toda la noche, y su bella sonrisa llenaba la atmósfera de alegría. Sentía que me penetraba el alma cada vez que me miraba; y su sonrisa me enloquecía. Su presencia y personalidad me hacía sentir mariposas en el estómago, y me daba cosquillas en todo el cuerpo.*" Esa noche no hablaron de amor, sólo de familia y recordaron la noche en el club.

El día siguiente lo visitó de nuevo. Carlos J tuvo que convencerla para que viniera a su casa. Ella fue con intenciones amistosas, pero él quería más que una amistad. "*Me convenció y a su casa me aparecí esa noche.*" Escucharon música mientras ella le contaba parte de su vida y por lo que estaba pasando en ese momento. Sus ojos se le aguaron y un intenso dolor cubría todo su cuerpo mientras contaba sus cosas. Se le notaba en su voz la intensidad del problema por el cual estaba viviendo en su hogar. "*Quería que él supiera toda mi vida, necesitaba a alguien a quien contarle mis cosas; tal vez si le cuento toda mi vida y por lo que estoy pasando, él entenderá mi situación.*" Días después le contó a su mamá que Carlos J era muy atento, y que sería maravilloso tenerlo como amigo.

El Viernes llegó y ella tenía una cita con el médico para removerse algunos puntos del ojo que le habían operado. Camino a su casa del hospital, recibió una llamada de Carlos J. Su invitación no se hizo esperar: "*¿Vienes hoy a mi casa?*" Le preguntó él; y ella, no muy segura de lo que deseaba, le dijo que sólo deseaba tener amigos. "*No quiero a un hombre en mi vida en este momento; tengo muchos problemas en mi hogar, en mi vida y en todo lo que a mi alrededor se mueve.*" Sorprendido por su decisión, Carlos J insistió en verla y le dijo: "*¿Cómo me vas a hacer eso después que pasamos un momento bello en mi casa hace apenas unos días?* "*Sí,*" afirmó ella. "*La pasamos bien; pero no insistas, yo sólo deseo amigos en este momento.*" Él continuó insistiendo y dijo: "*Ven a mi casa y hablamos.*" Su respuesta fue tajante: "*Lo siento, no puedo, te dije que sólo quiero amigos, pero pareciera que tu deseas algo más que amigo, no puedo verte de otra manera. Si deseas te puedo llamar o visitar, pero solamente como amigo,*" le dijo ella. "*Por favor no seas así, ven y hablamos como amigos, si eso es lo que tu deseas, pero ven,*" le dijo él; y continuó diciendo: "*Me gustaría tenerte como amiga y disfrutar de tu compañía como la noche anterior.*" Tanto insistió Carlos J que ella aceptó, a su casa fue a parar; y así, de esa manera, lo de la noche anterior se reanudó. "*Carlos tiene un tremendo poder de convencimiento,*" dijo un día Ruthie a una de sus amigas.

Ellos no lo sabían; pero esa noche en casa de Carlos J, se daba reinicio a un nuevo amanecer en la vida de ambos. Convencida y decidida a mantener una relación amistosa con él, Ruthie se despejó de sus dudas y de su inseguridad, y se fue a verlo. "*Cometí un error al venir aquí; yo no debo, ni estoy en la disposición de citarme con ningún hombre,*" le dijo Ruthie a Carlos J cuando él abrió la puerta de su casa. Ruthie no quería una relación amorosa hasta que sus problemas se los tragara el mar. Esa era precisamente la excusa que ella presentaba mientras

Carlos J la besaba apasionadamente en los labios. Un beso siguió a otro beso, una caricia a otra caricia, para así dar entrada a un amor que se paseaba en el aire. "*Mi mente me decía que no, que no siga besándolo; pero mi cuerpo lo deseaba.*" dice Ruthie resignada.

El ambiente respiraba amor. El amor empezó a cubrir a ambos. Ella mirándolo a los ojos le sonreía y se dejaba llevar por sus besos al sonido de la romántica música que astutamente Carlos J había seleccionado. "*Subamos arriba, ¿Quieres?,*" le dijo ella con picardía. Su mente ya estaba preparada y su cuerpo ya no resistía más el calor que se transmitía entre ellos. "*No quiero subir, no quiero que esto se convierta en otro sufrimiento para mí en el futuro,*" ella constantemente repetía esto en su mente mientras sus cuerpos se unían en un lazo de amor y pasión.

"*Me gustas mucho,*" él le decía. "*Todo saldrá bien,*" él le repetía. Así sucedió lo que nunca imaginó, pasó lo que tenía que pasar; ese día Carlos J empezaba a formar parte de su vida, de su historia; de esa manera, otra etapa de su vida se iniciaba; así daba comienzo una etapa a la cual llamaremos: Felicidad y Sufrimientos. Tres meses después él le confesaría: "*Te aseguro que esto viene de Dios. Siento una felicidad tan grande que hasta hoy mismo me casaría contigo.*" Ella se había adueñado de sus pensamientos; y ya dominaba su ser. Así lo sentía él a apenas tres meses de haberla conocido. "*Como a los tres meses sentí una sensación muy grande. Un día cuando la abrazaba me dieron ganas de casarme con ella en ese mismo momento,*" dice Carlos J.

Sus momentos de amor y pasión eran insaciables. Sus cuerpos siempre sentían el deseo y la tentación por estar juntos sin pensar en controlarse. Ella empezó a necesitarlo cada día más. Días tras días su amor se hacía más intenso. Meses tras meses se veía en los dos la felicidad que su amor producía. Así se fueron entregando, ella no dejaba de visitarlo, él no dejaba de llamarla. Se veían como dos palomitas juntitas en su nido. Carlos J le transmitía confianza y fue un factor emocional que la ayudó a recuperarse de la situación donde venía. Sentía un sentimiento de protección al escucharlo decir: "*Tus problemas son los míos, tu dolor el mío, yo por ti cualquier cosa haría.*" Eso le daba la seguridad en la vida que desde hacía mucho tiempo no sentía.

Carlos J apareció en una etapa muy difícil de su vida. "*La última vez que salí con Juan tomé la decisión de dejarlo y me prometí a mí misma no revolcarme más con ese perverso. Desde que lo dejé, mi vida no fue más que agonía. Me había acostumbrado a él por muchos años y empecé a sentirme sola y abandonada en la vida. Seis meses después le dije adiós a mi agonía al encontrarme con Carlos J. Su cariño y gentileza trajeron paz a la vida de angustia que yo estaba viviendo; quizás fue por eso que mi corazón se apegó a él en tan corto tiempo. A los tres días de haberlo conocido ya mi corazón le pertenecía,*" emocionada expresa Ruthie.

Ruthie no sólo se veía feliz, también se sentía contenta. Se le veía transformada después de tantos amargos años vividos. "*A pedacitos empecé a disfrutar la vida con este hombre; a pedacitos me fui enamorando de él; a pedacitos mi corazón se fue entregando y llenando de felicidad. Empecé a conocer la felicidad con él desde un comienzo.*" Este es un periodo donde a menudo se le ve sonreír. En muchas ocasiones ella se sintió como si lo había alcanzado todo; como si al fin había alcanzado su anhelada dicha. Finalmente su alma se rebosaba de alegría porque la felicidad le estaba tocando la puerta. Es por eso que siempre decía:

"*Todo no puede ser solamente sufrimientos,*" un día dijo tristemente. "*La felicidad completa no existe, ésta sólo se vive a pedacitos, llega y se va, es temporal y dura muy poco. Me gustaría que la felicidad fuera como una casa sellada por todas partes; excepto por un lado, donde existe una puerta de acero cuya cerradura sólo acepta una llave. Me gustaría tener esa llave, abrir la puerta, entrar a la casa, y asegurar la puerta por dentro; luego me gustaría botar la llave para que la felicidad nunca se vaya y no encuentre lugar para escaparse de mi vida; me gustaría que se quede conmigo eternamente. A lo mejor estoy soñando despierta al pensar que eso pudiera pasarme; pero debo aceptar la posibilidad de que eso nunca sucederá así como yo lo sueño.*"

El Sorprendente Cambio de Carlos I

A los tres meses de haberla conocido, Carlos ya quería casarse con ella. Promesas de matrimonio en tan corto tiempo no sorprendió a su enamorado corazón. "*Me gustas muchísimo y creo que Dios te puso en mi camino,*" él dulcemente le decía. ¿Cómo es que sintiéndose tan bien con Ruthie; y escribiéndole cosas tan bellas, su amor empezó a apagarse? Ellos lo discutieron muchas veces; vivieron días de intenso amor y días de mucha separación. "*Yo trabajo para edificar y tu trabajas para destruir,*" siempre él le decía cada vez que nacía entre ellos una situación de desconfianza. Él quería cambiar y hacer las cosas mejores, pero había desconfianza entre ellos. Se alejaban por un tiempo, y luego regresaban juntos; cada vez que se separaban volvían. "*Eso es casi normal en ellos,*" dijo un cercano amigo refiriéndose a la relación entre ellos.

Separación tras separación causó que el amor entre ellos también sufriera; se fue disminuyendo, se fue apagando. "*Mucho hemos luchado para mantenernos juntos*" dice Ruthie. Siempre había "*Amor en el aire* " entre ellos. "*Después que ella se informó que yo me fui a México y me acosté con otra, nuestra relación dio un cambio muy drástico. Aunque nunca dejamos de manifestarnos amor, se notaba la diferencia en sentimientos y la decadencia*

de atención." El mundo de Ruthie se derrumbó, mientras el de Carlos J se hacía pedazos; ya no era lo mismo.

El Efecto Causado por su Trabajo

Otra de las cosas que contribuyó a su lejanía fue el poco tiempo que pasaban juntos. El horario de trabajo que tenía Ruthie fue un factor que no les permitía disfrutar de muchos momentos y días especiales. Siempre se le veía a él solo en lugares donde ella debería de acompañarlo; pero que no podía porque tenía que cumplir con su trabajo. Eso también lo sufrieron los hijos de Ruthie, quienes siempre estaban solos en casa; sobre todo en días feriados, Acción de Gracias y Navidad; y si por casualidad iban a algún sitio con ella, no se podían quedar mucho tiempo porque ella tenía que irse a dormir temprano. "*Mami estaba tan cansada que hasta en el cine se dormía; y por estar siempre tan fatigada casi nunca disfrutábamos de su compañía,*" cuenta Dulce María. Los fines de semana siempre los tenía ocupados mientras sus hijos requerían su atención. De eso se aprovechó Juan el perverso para abusar de sus niñas. Como ella no estaba siempre en su casa, este malvado tenía tiempo para hacer sus fechorías.

Su entrega al trabajo le cerró las puertas al amor. Mucho tiempo se perdió. Cuando se trabaja tanto así se alejan los amigos, los amantes se van con otras, los esposos se enfrían y buscan calor en otras, y los niños se descuidan y sufren. Nos distanciamos tanto de ellos que no disfrutamos las memorias de su niñez. Memorias que experimentan solos (o con algún extraño) en vez de disfrutarlas con nosotros. Muchos niños sufren porque no le damos suficiente atención. "*No te culpo a ti por no estar siempre dispuesta para mí, culpo a tu trabajo; tu trabajo nos ha robado el tiempo que pertenece a nuestro amor,*" expresa Carlos J cuando comenta acerca de su alejamiento de ella.

Un Comienzo Feliz, una Traición Dolorosa

La frustración se hizo notar en Carlos J en muchas ocasiones. El amor por ella empezó a debilitarse por no encontrar amor y entrega total en las acciones de Ruthie. Hay un dicho muy famoso que dice: "*El amor hay que alimentarlo.*" El dejar de hacerlo trae debilidad, y más debilidad hasta que todo muere. Cuando el amor se va empiezan las quejas y damos camino a las traiciones. En esto hay que ser muy sabio: Si las plantas necesitan atención y los animales cuidados, los hombres necesitan la entrega completa de una mujer. Eso lo empezó a extrañar Carlos J; de modo que, el amor se fue desvaneciendo. El mensaje es claro y muy sencillo de seguir: Parejas deben entender que: "*Amor que no se alimenta muere.*"

Lleno de frustraciones y pensamientos negativos, Carlos J afrentó la amarga realidad que su relación con ella ya había llegado a su final; y decidió *"tirar la toalla"* como dicen en el boxeo. El desinterés de Ruthie, su fatiga y el poco tiempo que le dedicaba a él, lo hacían sentir como hombre soltero, como si no tuviera novia. Frustrado de su relación con ella dijo:

"La mujercita ya no me está respondiendo, y sus energías han decaído. Voy a dejar que ella misma reaccione; y si algún día se da de cuenta que aún hay amor en el aire, las cosas pudieran ser diferentes. Es muy difícil entender a una persona a la cual tú le demuestras que la amas y ella lo ignora. Esto quizás sea falta de interés, deseos o algo que se llama "escasez de amor." Cuando se ama se demuestra ese deseo inmenso por tu pareja. La verdad es que el hombre desea más atención, un poco más de pasión – que se las maten en las noches—no dormideras y "necesito un masaje" como Ruthie ya me tenía acostumbrado en el pasado. ¿Que "carrizo" le pasa a ese cuerpo? ¿Por qué no reacciona como cuando se está enamorado? ¿Cree ella que su desinterés me emociona, o me va a enamorar más? Para nada, sus acciones me desilusionan y me separan más de ella. Yo quiero vivir, desear más de la vida; no deseo cementerios ni funerales en el amor, deseo pureza y entrega total. A lo mejor estoy pidiendo mucho, o quizás las personas de poco interés en el amor están viviendo una vida conformista o equivocada como ella. Deseo pensar que el amor existe; y que aún se puede vivir como en las generaciones pasadas, donde las parejas se amaban tanto que nunca se separaban. ¡Que tonto soy al pensar así! Pareciera que estoy viviendo como en los viejos tiempos. ¿Será que el único que ama soy yo? ¿Por qué me lastima la vida de esta manera?" Preguntas y más preguntas como éstas siempre estaban martirizando la mente a Carlos J.

La Traición De Carlos J

Ya era de esperarse. Sus intentos por mostrarle su amor se fueron desvaneciendo. La primera vez que ella le negó matrimonio lo sorprendió, pero la segunda fue devastadora. Poco a poco él fue perdiendo fe en que un día Ruthie se convertiría en su esposa. De modo que sus esperanzas se fueron alejando y de su fidelidad ya quedaba muy poco. Un corazón entristecido es un corazón desesperanzado. Ya el luchar por amor no es necesario porque el precio por el amor se ha perdido. Así se sintió Carlos J. Su mente empezó a dudar y a desbarajustarse. Decepciones enfrían amor hasta lograr que éste se vaya. Cuando éste se va, también se va el respeto, se siente la persona muy vulnerable por la necesidad de amar; y es allí en medio de esa vulnerabilidad que no piensas y le sigues el juego a tus deseos carnales. Tus acciones se convierten luego en traición. Eso fue lo que le pasó a Carlos J y cometió el peor de los "*pecados*" en una relación amorosa – Traicionar a su pareja.

"*Ella me lo contó todo. Yo fui su paño de lágrimas. En mi se refugió por un tiempo mientras su dolido corazón se desplomaba y lloraba intensamente,*" cuenta su amiga Juanita. "*Aquí tengo las pruebas de la traición de Carlos J. Ya no lo puede negar,*" le dijo Ruthie a Juanita. Ella se refería al video que le descubrió a Carlos J estando con otra mujer. "*Hice mal al entrar en su casa cuando él no estaba alli; pero la curiosidad me mataba por saber lo que él estaba ocultando,*" dice Ruthie a Juanita. Carlos J parecía muy sospechoso; y ese día, ella tuvo la corazonada de que algo él le estaba ocultando. "*Después que vino de México lo senti muy extraño, yo estaba en lo cierto. Me habia traicionado y mis sospechas se hicieron realidad,*" continua diciendo Ruthie.

Hasta ese día – el de la traición – ella le tenía confianza y nunca le había reclamado alguna cosa. "*Creo que otra también lo hubiera hecho. Hay que estar en mi lugar para darse de cuenta lo sufrido y desgarrado que estaba mi corazón,*" cuenta Ruthie. Salió de la casa de Carlos J "*como alma que lleva el diablo,*" hasta la televisión y el VHS dejó prendido; deseaba contarle a alguien que su novio la había traicionado. Deseaba decirle a alguien que su engaño ya estaba en descubierto. "*Mis sospechas empezaron cuando ese fin de semana—ese "bendito" fin de semana—él se despedia de mi y me decia que regresaba dentro de 4 dias. Su mirada estaba en mi, pero su pensamiento ya estaba en México, en esa ramera. Ella hizo corta mi felicidad al lado de Carlos J,*" molesta expresa Ruthie.

"*Corri a mi casa, dolida y llorosa y con una angustia por dentro que me indagaba todo el cuerpo. Mi alma angustiada deseaba gritar, no encontraba repuesta ni un "porque." ¿Que hice, en que fallé, por qué me engañó? Se bloqueó mi mente. Pensar no era razonable en ese momento. Llegué a mi casa, tomé mi cámara de video y a la casa de mi amiga Juanita fui a parar. "Mira, mira lo que me hizo, ese "cabrón;" me las va a pagar, después que le conté todo de mi, de lo mal que mis otros ex—maridos se habian portado conmigo. Ellos nunca me traicionaron con una mujer ahora Carlos J lo ha hecho.*"

Origen de su Traición

Todo estaba marchando bien con Ruthie, cuando él tomó la decisión de viajar a México a visitar a una chica que conoció por teléfono. "*Mi jefe me pidió que llamara a México y hiciera reservación de hotel y auto. Conversé con ella varias veces; a menudo nos comunicábamos por internet y así empezamos a seducirnos,*" confiesa Carlos J. La mexicana lo ilusionó y le daba mucha atención en las noches. A través de la computadora se hablaban y se veían. "*Ella me hacía sentir muy querido y deseado; me decía cosas que despertaban calenturas en mi.*" En una de esas tantas loqueras que muchos hacemos en la vida, él se dejó llevar por esa mujer que llenaba sus fantasías.

De esa manera vino la traición—catorce (14) meses después de haber conocido a la mexicana. Antes de tomar la decisión de ir a verla, Carlos J debatía si ir o no ir a México. "*¿Lo hago o no lo hago? ¿Cómo lo va a tomar Ruthie?*" Él siempre se preguntaba. Se decidió y se fue a México basado en la idea de experimental algo nuevo y descubrir qué había más allá de las conversaciones por teléfono e internet que tenía con la mexicana.

En verdad, Carlos J había conocido a la mexicana unos meses antes de haber conocido a Ruthie. Cuando Ruthie apareció, ya la mexicana existía y se estaba encaprichando mucho con él. Como lo mencionamos antes, catorce meses después fue cuando él se decide y se va en busca de su aventura. "*Por catorce meses le fui fiel, ese es un largo tiempo,*" dice con certeza Carlos J, y agrega: "*Pero ella nunca me ha creído; y aunque le fui fiel por 14 meses, ella aún se siente traicionada.*" Carlos J nunca se había dispuesto a acostarse con alguien hasta ese día. De cualquier manera una traición es traición y véase como se vea no deja de llamarse "Traición."

Quizás era por eso que Ruthie sufría tanto, por ser la primera vez que sentía una traición amorosa. La acción de Carlos J la puso mal y la hizo sufrir mucho. "*A lo mejor fue por eso que, dejándonos llevar por un sentimiento de venganza yo le sugerí que saliéramos con un par de "pretendientes" de la iglesia. Ellos eran medios amigos, no hicimos nada malo, sólo salimos para despejarnos la mente,*" dijo su amiga Juanita en una ocasión. "*Yo también tenía problemas con mi novio y había terminado con él; de modo, que me sentí libre al proponérselo; también pensé que a partir de ese momento, y debido a la traición de Carlos J, Ruthie también era una mujer libre. Tremendo error cometí, pues esa acción de nosotras hizo que Carlos J dejara de ver a Ruthie como candidata para ser su esposa, además de usar su comportamiento como una excusa para "recarquiarle" siempre a Ruthie en la cara: "Tú no eres tan inocente pues me pagaste con la misma moneda,*" continuó diciendo Juanita.

La acción de Carlos J la hirió muchísimo y la hizo sentir menos querida. La disolución fue tan grande que pensó muchas veces en hacerle lo mismo a él; y "*pagarle con la misma moneda.*" Es por eso que dolida por lo que él le hizo, Ruthie tomó la decisión de salir con uno de los amigos de su amiga Juanita. "*Juanita me presentó a Alberto y salí con él para demostrarle a Carlos J que yo también podía salir con alguien,*" expresó con decepción Ruthie. Salió con Alberto a lo mejor por despecho. Esa decisión fue muy fatal para su relación con Carlos J; y mucho más dañina para ella como mujer porque desde ese entonces Carlos J le perdió respeto. "*Ya mis ojos no la ven como esposa, ya mi corazón no la siente como la mujer con quien yo quería contraer matrimonio tres meses después de haberla conocido,*" dice con tristeza Carlos J.

Él siempre se ha apegado al deslice que ella cometió con Alberto y lo ha usado como defensa de sus propias caídas (traiciones) y fallos que tuvo durante la relación. "*Ese hombre nunca me tocó y cuando salía con él, sólo hablaba de Carlos J porque no podía sacármelo de adentro. Estaba herida y desilusionada de lo que Carlos me hizo y necesitaba hablar con alguien. Alberto no me tocó ni un pelo,*" cuenta Ruthie al recordarse de ese triste periodo de su vida.

Es muy difícil y duro para ella olvidarse del pasado; es incluso mucho más duro entregar su corazón a Carlos J de nuevo. En realidad, Ruthie siente que él si le ha fallado; y más de una vez; pero también Carlos J se siente traicionado por la acción que ella tomó al salir con Alberto. "*Ella también me ha fallado de cualquier manera,*" dice él. "*Yo no hice nada comparado con lo que él hizo, el sólo dice eso para tapar su falta,*" confiesa ella con rabia.

Su corazón estaba muy herido, su corazón se había endurecido y perdonarle su traición era lo menos que ella deseaba. El sentía profundamente en su corazón el deseo de reconciliarse con ella e insistía que regresara con él; pero el corazón de Ruthie se había convertido en piedra, tanto así que hasta su mejor amiga Juanita pensó que Ruthie nunca lo perdonaría. "*Creo que el mismo Dios ha cerrado la puerta de su corazón y se lo ha puesto muy duro para que no lo perdone,*" asegura Juanita.

La traición de Carlos J la hizo actual diferente y en medio de "*encojonamientos*" tomó una decisión que hoy en día le pesa. Ella dejo de ser la misma con él. Eso ayudó a destruir su relación, y más aun a separar sus almas. "*Pensé que ella era mi alma gemela, mi media naranja, aun lo pienso que lo es, simplemente que ya acepté la idea de que lo nuestro está muy lejos de realizarse, de consumirse como matrimonio. El tiempo dirá si vale la pena seguir luchando,*" dice Carlos J con resignación. Su corazón se sintió afectado: Primero, por no tener su confianza; y segundo, por la disolución que le causó la indebida decisión de Ruthie al salir con Alberto. No solamente una vez, pero varias veces.

El que ama perdona y también olvida. Recordar malas cosas del pasado, no edifica una relación; al contrario la empeora. Y precisamente eso es lo que le pasó a la relación de ellos. "*Nunca debi salir con "ese tipo. Creo que lo hice muy mal; esa ha sido el arma de ataque o de excusa de Carlos J para decir que yo también le fui infiel. Pero ese hombre nunca me toco un pelo, siempre se lo dije, pero él tajadamente no deja de repetirme que yo también lo traicioné,*" comenta Ruthie. Carlos J también expresó su decepción con ella y se lo demostró en un poema que le escribió después de la separación. Este fue titulado: Repuesta a tus Pensamientos:

Yo también por lo vivido te quisiera confesar
Que no todo fue tan mal como me lo haces pensar
Con un poco de dolor me gustaría expresar
Que creo que muy pronto te voy a remplazar

Espero que la suerte esté de tu lado
Y que consigas lo que siempre has anhelado

No fui tu delirio, no fui tu pasión
Y muchos menos lo que dictó tu corazón

Alguien aparecerá en un momento dado
Alguien que me ame y con quien pueda dormir
Ella me hará olvidarte; y más aún, hacerme vivir

El amor además de sentirlo hay que saberlo expresar
Respeto no es tan importante
Cuando en verdad se quiere amar

Si piensas que es un sacrificio el volverme a buscar
Yo no deseo las migajas de quien no quiere dar
Es más, estás libre para que vuelvas a amar

Buena suerte para ti, lo desea tu buen amante y amigo
Ya que nunca luchaste por estar completamente conmigo

No sé si por tu ignorancia o por ser maliciosa
Siempre me consideraste muy poca cosa

Y ahora para terminar quiero decirte un poema
Que ya yo te prometí no ser más nunca tu problema.

La Última Noche con él fue Desastrosa

"Esa noche se fue mi último suspiro de felicidad. Nunca pensé que Carlos J se alejaria tanto así de mí, pero lo hizo. Me negué a tener intimidad con él y eso no le gustó para nada."
Eso él nunca se lo esperaba; de modo que tristemente bajó la cabeza y se marchó. Ella le dijo antes que cerrara la puerta que se buscara a otra mujer, que por favor no le hiciera a otra mujer

lo mismo que le hizo a ella. (Obviamente ella estaba muy dolida porque él le había fallado). También le dijo que ella no tenía los ojos en otro hombre; pero que tampoco se iba a quedar sola.

Escucharla hablar de otros hombres más lo enfureció. El hecho de sólo imaginar verla en los brazos de otro hombre lo aturdía y le daba rabia. Pero así lo aceptó. Se fue de la casa esa noche y desde ese día las cosas nunca volvieron a ser las mismas. *"Fue un adiós muy doloroso para mí y desde ese día sufro por no tenerlo,"* dice Ruthie con tristeza.

Ahora se la pasa pensando, lamenta lo sucedido, y en su meditación piensa:

"Se puede sufrir de muchas manera. Yo le he visto muchas caras al sufrimiento, pero esta vez la vida me dejó un sufrir más profundo. Ahora lo veo poco, y ya no existe intimidad entre los dos. Lo he tratado muchas veces pero su interés por mí ya no está presente; pareciera que lo que él sentía, el viento se lo llevó, el mar se lo tragó. Ya no es lo mismo. Cuando lo veo, le veo un corazón vació sin la chispa de amor que me tenía antes. Así me siento, me gustaría pensar que no es la verdad, pero cada vez que el tiempo pasa, me doy de cuenta que la realidad es otra. Por un camino llego la felicidad, pero por el mismo camino se fue. Esa fue la última noche que la felicidad me suspiró al lado de Carlos J."

Carlos J siempre ha deseado una mujer que lo ame con hechos y locuras. *"Yo no quiero a una mujer que me dé atenciones a media, quiero a una compañera que me dé 100 por ciento. La mujer que se va a quedar conmigo tiene que demostrarme eso si desea que yo también haga lo mismo."* En una ocasión, cuando Carlos J conversaba con uno de sus hermanos, éste expresó su interés por la vida y le dijo este pensamiento:

"Siento que la vida se me va y no he sido feliz
Porque he vivido para los demás y me he olvidado de mí. Al final de mis días
después de tanto caminar solamente quiero una cosa: "Sólo deseo Amar."
Quiero un amor que me sepa comprender y que conmigo esté en todas mis
penas"

"Creo que eso es también todo lo que yo quiero: una mujer que me de toda la atención que me merezco y que me sepa comprender," expresa Carlos J. Un día Carlos J le dijo a Ruthie: *"El mundo de tu corazón no lo controla nadie, solamente tú. Piensa que también existe un mundo a tu alrededor, el cual requiere y demanda tu atención, y a mí no me la estás dando. Tu corazón sólo lo controlas tú, pero el mundo a tu alrededor, incluyéndome yo, necesita también que le demuestres interés para que la vida sea más placentera entre nosotros."* Eso él se lo decía para

hacerla reaccionar, pero de cualquier manera era inútil pensar que ella reaccionaria diferente porque su pobre corazón ya estaba muy herido y desilusionado por culpa del comportamiento de Carlos J en el pasado.

El no confiar en él, el no poder convencerla que su amor era real lo alejó de ella; y sus saliditas con el "otro," eliminó por completo el concepto de esposa que él tenía de ella. "*Sufro por tu desconfianza,*" le decía Carlos J; *pero lo que hiciste me ha afectado mucho.* "*Cuando me informé que ella había salido con otro, mi amor por ella cambió drásticamente. Nunca pensé que la mujer que yo amaba y con quien un día deseaba casarme era capaz de verse con otro a escondidas sabiendo que yo la amaba,*" siempre se lo menciona a ella. "*Lo hice para demostrarte que yo también puedo hacerlo,*" Ruthie le decía para darse valor. Quizás fue una reacción estúpida de parte de ella. Quizás lo hizo para pagarle a Carlos J con la "*misma moneda;*" pero la realidad es que su acción le trajo a él una decepción muy grande; tanto así que le hizo cambiar el buen concepto que tenia de ella. La acción de Ruthie alejó el sentimiento de amor que había en su corazón, que en compañía de otros factores hizo que su relación se fuera por el suelo.

Era obvio, él no quería perderla y deseaba que ella le diera otra oportunidad. Es por eso que un día reconoció sus fallas y le dijo "*Te engañé pero en la vida siempre tendrás el riesgo de que otro hombre te engañe; reconozco que te he faltado, pero por favor, no intentes amar a otro. Si deseas amar a alguien, ámame a mí porque yo aún te amo y deseo que te mantengas a mi lado.*" Carlos siempre se refería a un viejo refrán que dice: "*Más vale diablo conocido, que diablo por conocer.*" "*Te pido que te quedes conmigo y que no busques enredarte con otro hombre. No tomes el riesgo que te hagan daño de nuevo.*" Esas eran las palabras que él usaba para que Ruthie recapacitara y regresara con él, pero en ella ya la confianza no existía.

Se sentía desdichada. No sólo el amargo recuerdo del pasado que le habían dejado "*los otros*" la tenían desanimada; pero ahora tenía que lidiar con algo nuevo en su vida: La traición de un hombre era algo nuevo para ella. "*Los otros nunca me traicionaron. Se portaron muy mal conmigo, y yo les aguanté; pero ellos nunca "me pusieron los cuernos.*" Ahora ella estaba viviendo en carne propia lo que nunca imaginó un hombre le haría. "*Eres el peor de todos,*" un día en su cara le dijo. "*Esta traición me ha dolido más de lo que con "los otros" pasé,*" así se sentía Ruthie. Los golpes y violaciones de Carlos Justino, los maltratos y celos enfermizos de Papo, las perversidades y abusos de niños de Juan le parecían menos graves comparado con lo que le hizo Carlos J. Así de fuerte era su dolor que veía una traición mucho más fuerte que las horribles cosas que con "los otros" había vivido.

La traición de Carlos J le causó una decepción muy grande. Su corazón, lleno de amor y felicidad se había transformado. "*Esa desilusión sacó parte de ese gran amor que sentía por él, ya no me siento la misma. He intentado recuperarlo, he tratado de sentirme como antes, pero no es fácil, creo que nunca lo será. Carlos J me ha pedido que lo ame como antes, pero ya no siento la misma intensidad de amarlo, y eso él lo ha notado,*" afirma Ruthie.

Fueron meses de puro amor, para ser realista, catorce (14) intensos meses de amor del bueno, de amor de fuego, de pasión incontrolable; así era su vida con Carlos J. Así se mantuvieron llenos de felicidad por muchos meses hasta que la vida la lanzó de nuevo al pozo de la amargura. "*Cuando pensé que la felicidad había llegado para quedarse, de nuevo me tropiezo con el sufrir. Descubrí que Carlos J me había traicionado con otra.*" La traición de la que aquí nos referimos es cuando Carlos J se fue a México a encontrarse con otra mujer. Era algo que ella no esperaba. La traición de Carlos J la hizo dudar de sus sentimientos, la mantuvo a distancia y dejó de confiar en él.

Se sintió traicionada y demasiada herida. "*Carlos J también me traicionó,*" dice Ruthie, aunque multitudes de veces cuando ella se lo ha preguntado, él no lo ha admitido. Carlos es de los que piensa que si una mujer se aleja de su novio y se separa de él por un tiempo, se está exponiendo a que éste salga con otra. Muchas veces se le escuchaba hablar con sus amigos diciendo: "*¿Qué quiere ella, que cada vez que se separa de mi yo me vaya a mi cama a escribirles poemas de amor? Está muy equivocada. Si ella se aleja de mi es porque no le importo lo suficiente como para dejarme solo.*" Ruthie tenía la mala costumbre de molestarse con Carlos J y dejar de llamarlo por varios día, situación que Carlos J aprovechaba para buscarse a otra.

Eso le dolió muchísimo a Ruthie. El sufrimiento no se mide, no hay manera de medirlo. Sufrir es sufrir, no importa la manera como lo veas. Ella nunca pensó que él pudiera hacerle eso. "*Después que se lo conté todo y le confié mi vida, me hace esto,*" dice Ruthie llorosa. Esta traición vino 14 meses después de que Carlos J la había conocido. "*Pensé que él nunca me iba a traicionar, que nunca me iba a hacer sufrir; pero así pasó. Me siento traicionada. Carlos J es el único hombre que yo sepa me haya traicionado con una mujer; los demás hombres me traicionaron de diferente maneras; sin embargo, él ha actuado peor que los demás. No puedo creer que me hizo eso sabiendo por todo lo que yo estaba pasando.*" confiesa ella.

Carlos J siempre le dio una excusa de porque hizo las cosas. "*Dejó de darle importancia a lo nuestro, me dejaba solo por mucho tiempo, y eso me hacía caer.*" Excusas que quizás muchos hombres consideran legítima; pero que para Ruthie no tenían razón de ser. Con Carlos J se sintió feliz al comienzo; pero, ¿qué poco duró la felicidad?" Buenos momentos dejan de existir cuando surge una traición. Pareciera que Carlos J disfrazó traición con felicidad hasta que ella se enteró. Esa traición la desanimó y su relación se vino abajo. Ya no era lo mismo. Su corazón estaba herido y su amor por él empezó a desvanecerse.

"*Sólo lo que he deseado en mi vida es amar; pero muchas veces circunstancias de la vida me obligación de dejar de hacerlo,*" dice ella con tristeza. Es muy difícil seguir amando después que una persona se siente traicionada. El mal comportamiento de ciertos hombres destruye el amor que una buena mujer ofrece; y eliminan cualquier deseo de amar. Aunque la vida no le ha dado la dicha de ser feliz, aun ella mantiene la esperanza de que algún día ese momento llegará. La pobre ha sufrido por amor, decepciones, maltratos, aflicciones y ahora traición. "*La esperanza es lo último que se pierde,*" afirma ella mientras recuerda este famoso dicho de su pueblo. Pareciera que Ruthie se apega a esa frase para seguir creyendo que el amor un día vendrá, se quedará y nunca más la traicionará.

"*¿Por qué me pasan estas cosas?*" Se preguntado a sí misma. "*La verdad es que con él fui muy feliz. Me llevó a muchos lugares; trajo alegrías a mi corazón cuando yo ya había descartado que ésta no llegaría. Este hombre apareció en el momento más difícil de mi vida; apareció cuando yo pasaba por el problema de mis hijos. Se ofreció a ayudarme, me motivó para seguir viviendo. "No te preocupes, todo va a salir bien, sólo confía en Dios," siempre me repetía. No hay duda que su dulzura me atropelló como un huracán a un poblado. Me arrastró con su fuerza de hombre y endulzó todo lo que en mi estaba agrio. Siempre pensé que éste iba a ser el último hombre en mi vida, el último hombre con quien compartiría mi cama, pero el haberme traicionado me hiso dudar que eso sucedería,*" con duda dice Ruthie.

Manteniendo las Esperanzas Vivas

El amor por Carlos J había cegado su alma; ahora desilusión la cubría. Como ya hemos dicho, al comienzo ella nunca se sintió enamorada, pues cuando lo conoció le dijo rotundamente que sólo andaba buscando a un amigo. Mientras el tiempo fue pasando sus sentimientos fueron cambiando; al punto que, su corazón ya no podía ocultar el amor que le sentía y dejar de fantasearlo como "*el último hombre de su vida,*" pero la vida le tenía predestinada otra amargura; y esta vez, a manos del hombre a quien amaba.

Ella vio en Carlos J al hombre de su sueño con quien edificaría su presente y construiría su futuro. Ella vio en él su sueño de cenicienta realizado. Imaginaba viviendo sólo para él y muriendo con él. No quería dejar morir ese sueño. Pensó en perdonarlo y reconciliarse con él. Consultó a su corazón muy profundamente, le preguntó a sus sentimientos, y halló en ellos la respuesta que su mente no quería. "*Mi mente me dice que no, pero mi corazón me dice que Sí,*" de esa manera se convenció de lo que quería. Decidió darse otra oportunidad con él. "*Espero en Dios que no me la haga de nuevo; espero en Dios que ésta sea la última vez que padezco una traición,*" a sus amigas le decía. Consciente de que Carlos J le ha traído dolor y alegrías, Ruthie se aferró a hacer de Carlos J el último hombre de su vida. "*Estoy consciente que él tiene muchísimos defectos y que se ha portado mal conmigo; pero yo también tengo los míos. No sé si es posible que lo nuestro tenga un final feliz porque él me ha decepcionado muchas veces; pero creo que aún podemos alcanzar la felicidad."*

Ruthie pensó que ambos se merecían una nueva oportunidad. Ambos estaban conscientes de que lo ideal de la vida era compartir el amor juntos; y sabían que amor es compartir y que la felicidad solamente se alcanza cuando se es pareja. Ser pareja significa eso: Unirse con alguien para compartirlo todo, amarlo y ser feliz; y esas tres cosas ella las deseaba. Fue por eso que tomó la decisión de volver con él, sin tener en cuenta que muchas cosas ya habían cambiado: Los sentimientos de Carlos J ya no eran los mismos. Él también se sentía herido al pensar que durante ese tiempo de relación, otro hombre había aparecido en la vida de Ruthie.

Es por eso que Carlos J tomó la decisión y un día le sugirió: *"Yo creo que nosotros debemos de alejarnos para que tu vivas en paz y sin rencores; y cuando te sientas mejor y puedas vivir en paz, entonces hablaremos. Por los momentos aléjate de mi y separémonos de una vez por todas."* En otra ocasión él fue breve y dijo: *"Perdóname muchas veces, pero vamos a darnos tiempo y por favor no me olvides, tómate un descanso y si después de un tiempo nos vemos otras vez, y si aún estamos solos, podemos intentarlo de nuevo."*

Ya él veía su futuro sin ella. No estaba seguro si iba a sufrir más, amándola o tratando de olvidarla. El hecho es que había conflictos en sus sentimientos. Ambos se despidieron y llegaron al acuerdo de mantener por fe la esperanza viva: *Dejar una puerta abierta para el futuro porque el amor nunca dejará de ser entre ellos.*

Sin lugar a dudas, esta parejita se quiso mucho. Ambos hicieron cositas que disminuyó o apagó ese fuego; pero cenizas quedan para revivirlo. Quizás algún día lleguen a un acuerdo; quizás todo vuelva a ser como antes para que juntos disfruten de ese bello romance; quizás algún día todos los obstáculos que los impiden amarse por completo se eliminen para que ellos puedan vivir sus vidas unidos para siempre. *"Sólo el tiempo lo dirá,"* dice Carlos J. *"Creo que el haber ella salido con ese payaso me afectó más de lo que yo pensaba,"* dice con tristeza.

En estas cosas del amor no hay comienzo ni final. Nadie gana cuando una relación se termina. Ayer es historia, mañana es un misterio, hoy es un regalo de la vida el amar y el que nos amen. No podemos darnos el lujo de rechazar el amor que nos ofrecen, venga de quien sea.

Luchar por amor vale la pena aunque se sufra, porque amando también se sufre. Recordemos lo que dice la Biblia acerca del amor: *"El amor es sufrido, es benigno, el amor no tiene envidia, el amor no es jactancioso, no se envanece; no se hace indebido, no busca lo suyo, no se irrita, no guarda rencor; no se goza de la injusticia, más se goza de la verdad. Todo lo sufre, todo lo cree, todo lo espera, todo lo soporta*" (1 Corintios 13: 4-7). El mayor regalo que la vida nos puede dar es el "amor." Recuerda que "amor" puede ser tan placentero como una fiesta en el cielo, pero tan doloroso como vivir en el propio infierno.

Entendiendo a la Felicidad

La felicidad es muy especial y no llama a nadie, se te puede aparecer en cualquier momento; se puede tropezar contigo en cualquier lugar, y te puede mirar fijamente a los ojos sin que tú te des de cuenta. Muchas veces la tenemos delante de nosotros y la ignoramos; es como un rayo que se te aparece, como un viento que te sopla; no sabemos de qué lugar viene y de que persona se pegará; en fin, nunca lograremos verla o sentirla si la miramos con los ojos de la ignorancia. Si estamos cegados por la ignorancia siempre se nos pasará. Un pedacito de ella te estremece y tenerla es un verdadero regalo de Dios.

Si la ignoras a lo mejor nunca la verás otra vez; hacerlo pudiera ser la última vez que te visite, es por eso que cuando se te acerca, pégate de ella, asegúrala bien fuerte, no la dejes que se te escape, lucha por ella, no dejes de luchar, pelea contra vientos y mareas, tormentas y torrenciales, desiertos y animales feroces, combate cada obstáculo; y por el amor de Dios, no te rindas hasta que la hagas que se quede contigo. Recuerda, que ese momento pudiera ser la última vez que la tienes a tu lado. Es por eso que mantén los ojos de tu corazón bien abiertos para cuando la felicidad te visite la puedas ver con claridad, es por eso que no te dejes cegar por la ignorancia, para que puedas ver la felicidad cuando ella toque las puertas de tu corazón, y así puedas mirarla a los ojos, sentir su presencia y quedarte con ella.

Mucho se ha dicho de la felicidad: Que nunca llega, que no llega a tiempo, que siempre llega demasiado tarde, que no existe; la verdad es que a muchos nos cuesta alcanzarla; o pocos no logramos disfrutarla en su totalidad. Nacer y ser feliz no está garantizado, no es un aseguramiento que da la vida; y muchos menos una obligación del destino; la felicidad no es gratis y ser feliz muchas veces tiene un costo. Para ser sincero, la felicidad es una bienaventuranza que llega de la nada, en el momento menos esperado, y cuando menos te lo imaginas. No tienes que comprarla o pagar un precio por ella. En decir verdad. Ser feliz es un regalo de la vida que hay que agradecérselo a Dios.

Pruebas de Amor

Las pruebas de amor de Carlos J siempre se vieron en las letras y en su cuidado hacia ella. Aunque su comportamiento con ella fue un poco deshonesto; su atención y cuidado siempre se manifestaba cada vez que ella, o alguno de sus familiares lo solicitaba. En tiempo de enfermedades, situaciones familiares o dificultades, él siempre estaba allí para ayudarles en lo que se pudiera. Él varias veces llevó a Ruthie al hospital y pasó horas en su lecho. Él siempre estaba atento a cualquier cosa que ella necesitaba. Cada oportunidad que el tenia o veía para demostrar a Ruthie su amor, él lo hacía. Muchas veces escribió expresándole amor y otras reclamándole entrega hasta que se resignó a perderla. Él deseaba dejarle el camino libre para que ella alcanzara la felicidad que con él no podía alcanzar por completo.

Sus cartas expresan chispas de amor y declaran al mundo entero su amor por ella, y lo mucho que la amaba. Dos veces le pidió que se casara con él, dos veces ella le dijo "No," y nunca le dio el "Si" que él siempre estuvo esperando. Eso trajo muchas desilusiones y frustraciones a su vida. "*Ya no le pediré matrimonio más, la tercera vez ella va a tener que hacerlo,*" se lo prometió a si mismo Carlos J. Estas son algunas cartas que Carlos J le escribió a Ruthie como prueba de su amor.

Carta 1 – Luchando por su Amor

Gracias, muchísimas gracias,

Eres lo mejor que me ha pasado; y hoy nos separamos pero no nos alejamos, nuestros corazones se entregaron y seguirán conectados, al menos eso espero. Ya bien sabes que nuestro amor fue sincero, romántico y tremendamente explosivo. Han sido exactamente 7 enormes meses llenos de amor y pasión. La verdad es que en estos últimos meses he pasado los momentos más románticos y entregados de mi vida, devolviste a mí lo que pensé se me había quitado—**"Amor—Love"**

Sentirse amado de la manera como tú lo has hecho me ha hecho renacer. Contigo descubrí que el amor aún existe y no me duele perderte y menos te odio, porque no estoy perdiendo tu amor, nos seguiremos queriendo de la manera más dulce y respetuosa que existe aunque no estemos juntos.

Respeto tu decisión de alejarte de mí de la manera más dulce y compresiva que existe. La verdad es que yo no deseo que te sientas insignificante por las cosas que muchas veces te digo. No deseo que pienses o mucho menos que te sientas que no eres la mujer para mí; al contrario eres mucho, eres mi mundo. Sé de lo mucho que puedes amar, lo hiciste conmigo. Sé lo bello que eres en el corazón, lo vi cada día que disfrutamos juntos. Sé lo mucho que deseas vivir y ser feliz, lo viví cada instante contigo. Sé lo dulce que es tu alma, eres todo una bella mujer, y en verdad te digo, creo que conmigo te ayudó a edificar tu alma y te descubriste más como mujer, y eso me alegra.

Me alegra saber que ahora tienes más seguridad en ti misma. Me regocijo en saber que yo te di momentos sinceros y bellos. Fue como vivir un noviazgo de nuevo. Se alegra mi alma al saber que el amor aún tiene deseos de visitarnos. Estoy seguro que otro te amará. Espero que descubras cosas nuevas y que luchen por las cosas que valen la pena. Espero que si ese alguien aparece, que ambos puedan corregir los errores que cometen juntos, que le busquen solución a los problemas y sobretodo que luchen juntos para ser feliz.

Espero profundamente que en algo te haya ayudado el haberte tropezado conmigo. Yo de mi parte te digo que me hiciste extremadamente feliz. Te prometo que la regla número 1 para lograr ser feliz estará basada en la experiencia que pasé contigo: Voy a comparar el amor que me distes con el de otra mujer, y si me doy de cuenta que no me aman como tú lo hiciste, seguro no seré feliz.

Así que una vez más, Gracias **Ruthie María**. En mí siempre tendrás al Hombre-Amigo que te aconsejará cuando lo necesites; que te confortará cuando sientas llorar; que te apoyará cuando te sientas caída. El hombre que te ayudará cuando te veas en apuros. Permíteme ser tu amigo fiel y sincero. El hombre que comparta secretos contigo. Ese hombre que nunca se sentirá ocupado para cuando ocurras a él; yo honestamente deseo de todo corazón que todo te salga bien.

Deseo contarte mis cosas, tratarte con respeto y amor. A mí siempre me tendrás. Si hoy tomamos diferentes rumbos, por favor siempre piensa que en verdad te quise; que solo me voy de tu lado para abrirle camino a tu felicidad. Felicidad que mucho te mereces. ¿Y sabes? Vas a ser feliz. Nos separamos sin ningún remordimiento por dentro; al contrario, yo en particular me separo de ti lleno de alegrías y agradecimientos por lo maravilloso que me trataste.

Por favor piensa que todo este tiempo te he amado y hoy nos separamos para trabajar en nuestras diferencias, diferencias que en verdad son pocas; pero que en realidad necesitan mejoría. Yo debo reconocer que amándote me puse un poco exigente. Siempre caigo en el error de esperar demasiado de una mujer, y eso me pasó contigo. Nunca te demandé nada, pero si deseaba que las cosas fueran mejores. Deseaba mejorar las cosas que como pareja necesitamos pulir para hacer de nuestro amor algo Fiel y Eterno, algo que dure toda una vida.

Gracias por ser tan explosiva en el amor conmigo, cariñosa en tu trato conmigo, comprensiva con mi persona, ayudadora en todo. Te debo mucho y eso te lo agradezco y nunca dejaré de agradecerlo. Unas cosas quedan pendientes, no te preocupes, confía en mí, todo saldrá bien. Mis experiencias contigo se quedan conmigo, las gozamos juntos, son nuestras y fueron únicas. Por favor que no queden remordimientos de todo lo que hicimos juntos. Pensemos como tú siempre dices: ***"Que todo sea por el amor porque todo se hizo con amor."***

Siempre,
Carlos J
"El mismo de Siempre"

Carta 2 — Confesando su Amor

Busqué razones para dejar de amarte y conseguí "Ninguna"

No creo que me equivoqué contigo. Yo en el amor no me equivoco. Es por eso que hoy te digo: "Te Amo," pero estas palabras sonarán mejor en el tiempo, el cual determinara si nuestro amor fue capaz de sobrevivir y que después de la tormenta que hemos pasado, nuestro amor será más fuerte.

Pensé que el Señor me había dado a una esposa, pero por primera vez siento que no es así (y me estoy mintiendo)—te sigo amando y me cuesta dejar de hacerlo. Pensé que yo era más fuerte, la verdad si lo soy, pero tu AMOR es más poderoso que mi misma poder interno.

En realidad, no me gusta esta nueva Ruthie; es más, la Ruthie de ahora no fue de la quien yo me enamoré; así que digo como antes, hoy me separado de ti aun amándote. No considero esto un fracaso, después de todo, "Te Amo" y me gusta internamente sentirme de esta manera. ¿Me hacía falta amar de nuevo; así lo deseaba intensamente; pensé que nunca me iba a enamorar, y sabes? es bello; y el dolor que siento al separarme de ti no se compara con la felicidad intensa que los momentos contigo me trajeron. Soy culpable de lo que hice, pero mi amor por ti debería de tapar mi falta. Me ha molestado que me negaras la verdad, pero mi amor va por encima de esa molestia. Mi amor va más allá que la molestia.

Me negaste la verdad cuando más te la pedí, has creado desconfianza en mí, una desconfianza que nunca me imaginé llegaría a sentir. Te convertiste en mentirosa y encubridora de idioteces. Eres mentirosa. No deseo que uses lo que yo hice como excusa por lo que tú hiciste. Te pusiste al mismo nivel sucio de mí, no lo esperaba de ti. No de quien yo deseaba que fuera mi esposa.

Te pusiste a un nivel sucio no por lo que hiciste; sino por lo que me ocultaste. Debiste mantener tu estado sincero de mujer, de amiga honesta. Nunca debiste ocultarme algo que yo en mi propio análisis logré descubrir. Saliste el Viernes con otro hombre que no era yo; te vas el Sábado con ese mismo payaso. No hiciste nada malo, como tú lo confiesas, y lo creo; pero por ocultarlo, tus acciones te hacen lucir mal, de modo que, dejémoslo así.

Ya me doy de cuenta que tu idea de no perdonar lo que yo hice, estaba siendo fortalecida con la seguridad que te daba alguien más. Ya te habían endulzado los oídos, ya tenías a alguien en lista, y lo peor de todo, es que ese payaso nunca te amará más que yo porque yo tengo confirmación directa desde mí corazón que tu ibas a ser mi esposa. Es más, aun pienso que puedes ser mi esposa, no te lo puedo negar, pero mi corazón va a necesitar tiempo para curarse.

¿Porque "carrizo" te pusiste al nivel mío? Mentirosa, descubrí la verdad y me la negaste. Me duele mucho que te diera la oportunidad para que me lo dijeras todo y lo negaste hasta el final. No eres culpable por lo que hiciste, en ti siempre he confiado. Eres culpable por ocultarme la verdad que descubrí por mí mismo. Preferiste ver que me humillaran, que pisotearan mi amistad honesta y sincera para cubrir una mentira; pero la verdad salió al aire; y ya vez que yo tenía razón en mentir como lo hice. No se necesita ser un sabio para poner estas cosas juntas y llegar a las conclusiones que yo llegue; ¿o, es que aun piensas que lo hice mal en pensar así?

Yo deseo cambiar mi actitud de infidelidad; pero mira lo que tú me enseñas: mentiras y ocultamientos. Sé que no me has sido infiel, pero me ocultaste algo que yo deseaba saber. Estoy tratando de edificarme para nunca jamás ser infiel a quien sería mi próxima esposa. Deseo que mi corazón siempre se desborde de amor por ella. Me gustaría sentirme enamorado, y no me importa enamorarme; después de todo, soy yo, es mi ser, deseo ser sincero conmigo mismo y mantenerme enamorado para siempre.

Lamento que no me hayas dicho la verdad. Yo deseaba escuchar de tus labios esa verdad. Repito, no te estoy culpando de traición, solo de falsedad, de ocultamiento, tapadora de mentiras, cómplice de la traición. Me siento muy mal porque me ocultaste la verdad y sé que tú también te sientes de igual manera; pero aceptemos ambos que esa no es la mejor manera de reconstruir una relación.

Deseo que me ames con libertad, que te sientas libre para amarme, no llegues a ese bajo nivel nunca más en tu vida. No me ocultes la verdad, no es bueno, eso no edifica, no vale la pena perder un amor tan bello como el nuestro. Dale una vista nueva a nuestro amor. Mira como podemos amarnos, mira la felicidad que circula a nuestro alrededor. Ha sido más felicidad que malos momentos Pesa las virtudes poderosísimas de nuestro amor y veras que nos amamos muchísimo; si así lo haces, te darás de cuenta que la balanza se inclina más hacia la felicidad. ¡Tonta!, creo que nos estamos perdiendo el uno al otro por entrar en falsedad y ser cómplice de la mentira. Muchas veces te dije la verdad y no me creíste. He despreciado a otras por ti; y no me creíste. Aunque te fallé, siempre sentí temor al hacerlo, temor por perderte.

Lo hecho esta y pasa a la historia, de modo que necesito vivir, necesito vivir enamorado. Deseo a una esposa, a alguien que se parezca a ti. Necesito a la Ruthie María del comienzo, a ver si después me la devuelven, a ver si este tiempo separado nos enseña que somos el uno para el otro; y te voy a decir porque: "No deseo quitarme de mi mente que fue Dios quien te presentó en mi camino; a lo mejor para que me enseñaras a ser un mejor hombre, un mejor esposo."

Yo creo que esto es de Dios, que al estar sentado en ese sofá y decir:

"¿Dios mío, que hago yo aquí? Necesito a una mujer y que tú te hayas aparecido en mi camino "fue una respuesta divina" Creo que el llanto de tus sufrimientos tocaron puertas en el cielo y Dios de cualquier manera hizo que te tropezaras en mi camino. No fue para mal, fue para que nuestras vidas se transformaran, para que yo aprenda ser mejor persona, y para que tú veas que la felicidad existe. Es mejor cuando se lucha por la felicidad. Creo que tú y yo somos capaces de luchar por nuestro amor y llegar a ser feliz.

Aún tengo errores, y pendientes que debo corregir. Voy a corregir mis fallas, eliminar mis pendientes, voy a poner mi vida junta, me voy a edificar, voy a corregirlas; y después te busco. Y si después de pasar un periodo de tiempo, si aún te quiero, te buscaré; y si después que tomes un tiempo aun descubres que me amas, me buscarás; y después que nos demos de cuenta y regresemos juntos, seremos felices.

Deseo un día verte caminar en el pasillo de la iglesia, tomada de mi mano. Deseo un día estar contigo para siempre y serte fiel; pero solo deseo eso cuando ambos estemos seguros que lo nuestro durará por el resto de nuestras vidas; por los momentos, tenemos un tiempo para preparar ese día; ojalá que no nos perdamos cuando ese bello momento llegue.

Siempre,
   Carlos J
   El mismo de Siempre

Carta 3 — Decepción de su Amor

Quiero que sepas que en verdad te "AMO" y no lo puedo evitar. Si me notas diferente es porque mi Corazón está reaccionando a la ignorancia que le has dado y es por eso que no soporto que no veas mi amor. Yo deseaba que me amaras diferente, pero no eres de esas mujeres que lucha por amor. Al final de la jornada verás que mi amor es real, que yo en verdad te amo, que quise que te adaptaras a mi vida, a mi manera de amar. Mostrando, luchando, entregando y dando todo. Lo hice para que no te limitaras a amarme; pero no lo logré.

Siempre vi que te entregabas a media. Yo en cambio, te entregué mi Corazón por completo; y mi reacción de hoy es producto de la sinceridad y verdad de mi amor por ti. Siempre pensé que un día reaccionarías a mi amor, pero preferiste dejarlo ir. Es por eso que hoy yo me quedo con mi amor ya que tú lo rechazaste, lo ignoraste, y no lo valoraste. Lo más doloroso es que lo dejaste escapar.

Este es mi último adiós. Quiero que sepas que me duele un mundo separarme de ti. Se me hace muy difícil aceptar la idea que no me ames como me gustaría. Siempre pensé que tu amor era real. El mío lo es; y hoy sufro. Si un día tu Corazón te reclama y te dice que me amas, búscame que yo también le haré caso al mío y te buscaré. Hoy te digo definitivamente "Adiós."

Siempre,
Carlos J
El mismo de Siempre

El Sufrir También Afectó a sus Hijos

Muchas cosas en la vida son contagiosas y pueden influenciar mucho en nosotros. Lo que te suceda en la vida puede prácticamente cambiar el rumbo de tu destino. Cosas alrededor de tu vida pueden influenciar sobre tu familia, un amigo, una organización, un grupo, tus compañeros de trabajo; incluso lo que le suceda a los padres pudiera influenciar en los hijos en gran manera y afectar sus futuros comportamientos. "*Mis hijos también sufrieron mucho*," dice Ruthie; "*ellos vivieron en carne propia mi devastadora vida*." Mientras ella sufría, también sufrían sus hijos. Su sufrimiento era contagioso y sus niños no podían evitar el dolor que les causaba ver a su mamá en la difícil situación en que se encontraba. "*Escuchamos llorar a nuestra madre muchas veces*," dice Adamaris, quien ya se había mudado de la casa y constantemente visitaba a su mamá mientras el caso de Juan el perverso se investigaba.

Ella iba a darle apoyo a sus hermanitos—Dulci y Junito—Los abrazaba y los reunía en una de las habitaciones de la casa para que le contaran como la estaban pasando. Ella también aprovechaba para decirles a ellos que se cuidaran de Juan; y que si lo veían rondando por la casa que se lo dijeran. Su odio por lo que este perverso le hizo se notaba a "*leguas;*" se veía en todo su semblante. Estaba muy herida y no quería que éste frecuentara por la casa como lo hacía antes.

"*Cometí un grave error el no actuar inmediatamente cuando mi hija Adamaris me contó de las osadías del perverso Juan. Mis hijos se dieron de cuenta y me perdieron el respeto*," cuenta Ruthie. Quizás viéndola cometer tantos errores fue lo que hizo que ellos se pusieran rebelde con ella. Como los niños no le hacían caso, ella empezó a actuar muy agresiva y constantemente les estaba llamando la atención. La corte le asignó una trabajadora social para apoyarla con sus hijos mientras se le preparaba el expediente a Juan. Empezó a vivir nerviosa, amargada y sin deseos de vivir. Eso la llevó a un estado emocional muy deprimente, tan fuerte, que pensó en el suicidio. "*Tanto fue mi depresión que decidí tomarme un frasco lleno de pastillas para dormir* con la intención de morirme, de no levantarme jamás. *Deseaba desaparecerme del mundo de los vivos y olvidar toda esta atormentadora pesadilla.*" Fue la misma Adamaris quien, en una de esas tantas visitas, la rescató a tiempo para salvarle la vida. "*Cuando la vi tendida en la cama, la vi como muerta; sentí que perdía a mi madre, y aunque estaba un poco rencorosa con ella, no la iba a dejar morir,*" recuerda ella. Al hospital la llevó Adamaris, allí le hicieron un lavado del estómago y la dejaron en estado intensivo por 72 horas. "*Se recuperó, pero ¡qué susto me dio!,*" dice Adamaris.

Cuando combinas, depresión, lloro, acusaciones y rechazos ellos te llevan a pensar que nadie te quiere. "*Para que vivir,*" se dijo muchas veces Ruthie. La trabajadora social empeoró mucho más las cosas hasta el punto que perdió a sus dos hijos menores por un tiempo. Tuvo que entregárselos a Berta, la esposa de su hermano, a quien la corte le concedió la custodia de ambos. "*Berta cuidó a mis hijos por un tiempo mientras yo pasaba por el tormento que me ocasionó Juan y mientras yo también estaba siendo investigada. La vida se me empezaba a complicar mucho más; estuve a punto de ir a la cárcel, se me quería acusar de cómplice de lo que Juan le hizo a Adamaris. Dios sabe que no tuve nada que ver con sus "bochinches;" gracias a Dios la ley no vio culpa en mí. ¡Qué pena y tormentoso hubiese sido el haberme pasado unos años en la cárcel por culpa de mi ex-marido!,*" añade Ruthie.

El resto de sus familiares empezó a pensar mal de ella; de modo que, Ruthie perdió contacto con muchos de ellos por un tiempo. Algunos sólo se acercaban a ella para saber si los niños estaban bien. "*Mi hermano quien siempre me dio soporte fue el que más me visitaba. "Pai" y "mai" comentaban poco y sufrían por lo que los niños estaban pasando.*" Sus padres no estaban muy contento con la situación, pero algo les molestaba: Pensaron que la razón porque Ruthie no acusó a Juan es porque estaba tratando de proteger a éste para que no fuera a la cárcel. Meses después, mas resentimientos tenían en contra de ella cuando se informaron que Juan no sólo molestó sexualmente a Adamaris; sino que también abusó de Dulce María pidiéndole que se quitara sus ropitas en frente de él. Los viejos sentían un amor muy especial por ellos y no podían concebir la idea de que Ruthie no se diera de cuenta de lo que le estaba pasando a sus propias hijas.

Apunto de la Muerte—Intento de Suicidio

Todo se fue acumulando para Ruthie. Su mente se empezó a cegar, pensamientos malignos y diabólicos invadían su pensar. Su lógica perdió su razonamiento mientras su estado de depresión aumentaba cada día. Ya eran muchos los problemas que le acogían y tomó la desgraciada decisión de quitarse la vida. "*Fue muy vergonzoso lo que hice en ese momento; pero pensé que era la mejor salida de mis problemas. Tomé la peor decisión de mi vida—la de desaparecerme de este mundo para siempre,*" arrepentida expresa ella. "*Ya no soporto más.*" Estas palabras resonaban en su ya debilitada mente; era la voz del suicidio que le estaba hablando.

Las muchas drogas medicinales que usaba para dormir hicieron su efecto, se tomó un frasco completo de pastillas para el sueño. "*Me gustaría terminar con esta agonía de una vez por todas,*" llorosa limpiaba sus lágrimas y sollozaba de rabia al acordarse de ese día. "*Pensé que le había encontrado una solución a mi amargura. No recuerdo cuantas pastillas estaban en el frasco, lo que sé es que quedé como muerta ese día.*"

Deseaba desaparecerse de este mundo. Un gran nerviosismo la invadió cuando las autoridades que investigaban las acusaciones de Adamaris empezaron a observarla más de cerca. La trabajadora social la hacía sentir como si ella era la peor madre del mundo, ya no la soportaba más, parecía que todo el mundo estaba en contra de ella. "*Los niños tienen que salir de aquí hasta que todo esto se aclare. Deben de ir con una familiar o guardián calificado; de lo contrario, el estado te los quitará y los llevará a un refugio para menores,*" le aclaró la trabajadora social.

"*¿Yo? ¿Sin mis hijos, a la mirada acusadora de la ley por no acusar a Juan y reaccionar debidamente, o actuar inapropiadamente?*" Empezó a desesperarse, Juan había sido citado por la corte y estaba fuera de su casa, ya no tenía a sus hijos con ella y su hija mayor estaba muy molesta con ella por no darle el apoyo que buscó desde joven. "*Debiste hacerme caso mami desde el día que te lo dije. Juan debió salir de la casa desde hace mucho tiempo. ¿Porque esperaste 5 años para creerme si ya yo te lo había dicho? Ya yo te había hablado de las pocas vergüenzas que Juan estaba haciendo conmigo,*" constantemente le repetía Adamaris.

Ese diabólico día su mente le hablaba; escuchaba los ecos de la muerte resonando en su interior como "*tormenta que anuncia peligro.*" Su vida estaba hecha pedazos, no sabía cómo restablecerla. Su mente ya no soportaba más, casi no descansaba, su dormir era más que imposible. Tantas cosas pasaban por su mente que esa noche decidió ponerle un final a su vida. "*Es mejor estar muerta, es mejor terminar con esto.*" Con pastillas en mano caminaba de un lado de la habitación al otro. Se pasaba la mano por la frente e inclinaba su cabeza hacia atrás buscando respuesta al cielo. Sus suspiros eran profundos y no dejaba de repetir: "*Ya no aguanto más.*" Eran muchos los problemas, uno detrás del otro que se habían estado acumulando y no la dejan dormir. "*¿Por qué no terminar esto de una vez por todas y que me perdone Dios?*" Dejó de escucharse su voz, ya las caminatas no se hacían, no más suspiros, nada se movía, sólo se observaba un cuerpo tendido en la cama del cual poco a poco su alma salía.

Se sintió muy mal por meses por haber intentado quitarse la vida. "*Sufrí mucho al pensar que mis hijos iban a sufrir por mi cobardía. Lloré y pasé muchos días en soledad y tristeza y* en mi corazón pedí perdón a *Dios. Empecé a ir más a la iglesia y le di gracias a mi hija por salvarme la vida. Yo le di la vida a Adamaris, pero ella rescató la mía. La misericordia de Dios fue muy grande para conmigo.*" Adamaris, al llegar a la casa de Ruthie, y viendo que ella no se levantaba, llamó a emergencia. La ambulancia la llevó al hospital y le pusieron en cuidado intensivo, le limpiaron el estómago, la revivieron, la volvieron a la vida. "*Fue una experiencia horrible. La muerte estuvo cerca, pero hoy vivo para contarlo. Si ella no hubiese aparecido en ese momento, hoy yo no estuviera contando mi historia,*" dice Ruthie con alegría.

Esta no fue la primera vez que Ruthie trató de quitarse la vida. También en Puerto Rico intentó suicidarse cuando convivía con el padre de Adamaris. Esos malos pensamientos siempre la han perseguido. Cada vez que ha estado en crisis de este calibre, le pasa por la mente el deseo de quitarse la vida. Su poder de voluntad había llegado a su límite; su agilidad mental estaba disminuida. Existía en ella un tremendo desajuste emocional que no dejaba de aturdirla. Fue por eso que los intensos maltratos y noches de pesadilla que Carlos Justino le daba, y problemas familiares en el hogar también la pusieron al borde de la muerte. Allá, en su bello Puerto Rico, el pueblo que la vio nacer por poco también la ve desaparecer. "*Me tomé drogas medicinales, vacié un frasco de pastillas que no eran mías. No me importaba vivir, mi vida era todo un calvario,*" cuenta Ruthie.

Hay que estar en un grado depresivo muy grande para pensar en el suicidio. Una persona que piensa, trata o lleva a cabo esta acción diabólica, no le ve solución a sus problemas y cree que la única opción para sentirse mejor es desaparecer de este mundo. En el caso de Ruthie, el no tener a sus hijos cerca, le ocasionó angustia y desespero; los había perdido mientras se investigaba lo que Juan había hecho; la justicia la tenía en la mira, sus familiares la miraban con un poco de desconfianza; y en el trabajo sentía rechazo y lejanía. Se había quedado sola, pensando noche y día cómo salir de ese tormentoso infierno en que estaba metida. Su acto suicida falló y su vida Dios se la guardó. De nuevo la vida le daba una oportunidad para obtener la felicidad y vivir en alegría; pero la idea del suicidio siempre la perseguía.

Un Poquito de Felicidad y Muchas Calamidades

La llegada de su nieto Armani le trajo mucha felicidad. "*Yo no sé que me pasa cuando veo a ese muchachito,*" sonriente dice Ruthie.—Su corazón se llena de emoción cada vez que lo tiene cerca de ella, cada vez que lo mima, o cada vez que se lo tira entre sus brazos. "*Creo que me siento así desde el día que lo sentí en el vientre de mi hija.*" Armani (su primer nieto) ha llenado el vacío que estaba en su alma; prácticamente le robó el corazón. Este niño es una bendición (Herencia) que Dios le dio a su hija Dulce María: "*He aquí, herencia de Jehová son los Hijos*" (Salmos 127: 3); y en consecuencia, un regalo (Una corona) de Dios para Ruthie: "*Corona de los viejos son los nietos*" (Proverbios 17:9). Le hacía falta sentir amor puro y verdadero de nuevo. Eso es lo que ve en su nieto cada vez que él la llama Lela (Abuela). "*Cuando escucho decirme "Lela" el sufrir se me va, me visita una paz inmensa, me siento otra,*" alegremente dice Ruthie.

"*Mis ojos son privilegiados al verlo crecer desde pequeñito. La decisión de mi hija de vivir cerca de mí, fue una decisión que nos ha agradado a todos. Cada vez que lo veo hacer algo chistoso, o cuando lo escucho hablar las primeras palabras, de mi corazón saltan "chispas" de felicidad. Él ha puesto un sello de felicidad donde el sufrir existía; bueno, existe aún, lo que sucede es que yo lo he aprendido a apaciguar un poco gracias a la pureza de amor que me trae mi bello Armani,*" expresa Ruthie.

Armani le cambió a Dulce María el rumbo de su vida. Ella estaba un poco descarriada y descontrolada desde joven; ahora es todo una dedicada madre, hecha toda una mujer. La luz de su cambio es Armani, su lucha por vivir es por él. Ella ha dedicado su tiempo de madre joven a este "*robador de corazones.*" Armani es su devoción cotidiana. En verdad Armani es el típico niño inquieto y travieso; pero lleno de dulzura y se ha criado en un ambiente mejor en que su madre vivió. El disfruta de la atención máxima de su madre quien no tuvo esa misma suerte desde joven por asuntos que ya hemos explicado. "*Mi macho,*" como normalmente Dulce

María lo llama es la alegría que esta familia necesitaba para curarse después de las herida que les dejó el perverso Juan.

Armani es uno de esos niños que se la pasa bailando al ritmo de la música cada vez que escucha una canción. Dulce María piensa que Armani salió así porque desde que ella salió embarazada empezó a escuchar melodías más a menudo. Se ha comprobado que bebes captan sonidos estando en el vientre de su madre y que reconocen voces al formar parte de este mundo. Pareciera que Armani estaba entrenándose como artista en el vientre de su madre antes de nacer.

Dulci se ha entregado en cuerpo y alma a su niño para que él crezca saludable y educado. Constantemente se le escucha decir:

> *"Lo que más necesité cuando niña era tiempo con mi madre, y lo tuve muy poco. Yo no quiero que eso le falte a mi hijo. Yo lo tuve todo cuando niña menos suficiente tiempo con mami y eso creo que afectó los primeros años de mi adolescencia. ¿Cómo la vida me negó algo que no cuesta nada, pero que tiene un valor emocional inmenso? Mi mamá me dio todo lo necesario para vivir; pero tiempo, tiempo con mami fue lo que más escaso tuve; quizás fue por eso que me puse rebelde por años. Reconozco que hice sufrir mucho a mi mami y que le ocasioné muchísimos dolores de cabeza; hasta me fui del hogar, quería pasar tiempo con otras familias para sentir lo que en mi casa no tenía - un ambiente familiar—Quería probar que se siente con otra familia; a lo mejor refugiar mi dolor en ellos; a lo mejor en mi interior estaba muy molesta con mami. Tenía que salir de mi casa y escuchar de los labios de otros "un te quiero, un dame un abrazo." Tenía un desespero por sentir lo que es un amor de padre, ya que él nunca me lo dio, quizás por ignorante o por ser poco humano."*

Dulce María también ha tenido días difíciles en su vida. Salió de su casa en busca de más atención; amor en su casa lo tenía, pero su mamá no tenía tiempo para demostrárselo. Amor sin hechos es vacío, lo mismo que la fe sin obra es muerta. Buscó esa atención en amigos y amigas. A Florida vivió por un tiempo, pero luego se mudó a Puerto Rico donde convivió con sus abuelos y más luego con su papá. Recordando a su padre dice:

> *"Mi papá fue muy buena persona conmigo, aunque nunca me dio el amor de padre que yo siempre anhelé, papi me dio todo lo que yo le pedía. Empezó a llamarme "princesa" y eso me llenaba de alegrías, me hacía sentir importante. Me llevó a varios sitios en Puerto Rico, al cine, restaurantes y bares; a donde me llevara yo me sentía bien con*

él; yo sólo deseaba pasar tiempo con mi padre, y así robarle a la vida el tiempo que me había negado. El mayor problema de mi papá es que él quiere siempre estar en control. Él es una persona que quiere que todo se haga a su gusto y modo; y eso yo no se lo acepto a ningún hombre, tanto así que por esa razón, tuve que mudarme de su casa y me regresé con los viejos—mis abuelitos."

Ruthie se refugió en el trabajo para que nada le faltara a sus hijos. Mientras ella pasaba horas trabajando, su tiempo con sus hijos se le escapaba; mientras ellos crecían, ella se lo perdía. Mientras ella trabajaba ese "perverso alguien" se aprovechaba de la inocencia de sus hijas; mientras ella pasaba horas fuera del hogar, ese "perverso alguien" le robaba la niñez a sus tesoros más queridos—sus hijas. Si, en realidad, esas niñas sufrieron muchísimas incomodidades por no tener la presencia de su madre. Pero un daño no dura para siempre, *"un daño no dura un siglo,"* y los problemas no duran una eternidad. Es por eso que hoy en día Armani es el centro de atención para Dulce Maria, el fruto de su herencia. Él se convirtió en una fuente de alegrías para todos. *"Ahora soy feliz con él teniéndolo muy cerquita de mi. Mientras yo viva, el tendrá no sólo mi apoyo; sino también mi "tiempo completo" si es necesario,"* asegura Dulce María.

Sufrida por Enfermedades

Si crees que solamente sufrimientos ocasionados por los hombres o familiar cercanos son dolorosos, ¿qué crees de las incomodidades que la misma vida te presenta? ¿Que decimos de aquellas situaciones donde sin tener control alguno nos vemos envueltos; o donde dependemos de otros para poder vivir? Me estoy refiriendo al ataque que la misma naturaleza hace hacia nosotros como es el caso de las enfermedades que la vida nos implanta bien sea a ti; o a un ser querido. El hecho de estar enfermo, o tener a un familiar enfermo también es sufrir. *"Me ha tocado vivir momentos difíciles, me ha tocado presencian el dolor de otros, me ha tocado enfrentarme cara a cara con mis propios sufrimientos físicos, me ha tocado estar cerca de la muerte,"* dice Ruthie con tristeza.

Estaba apenas recuperándome de una de sus muchas decepciones cuando la vida le lanza otra de las suyas. *"Murió lidia,"* dijo Kelly—el marido de Lilia—*"Sucedió esta mañana y no lo esperábamos. Pensábamos que se iba a recuperar de esta decaída como siempre ella lo hacia, pero de ésta no se pudo levantar,"* con lágrimas en los ojos cuenta Ruthie. Cada vez que su tía Lilia iba al hospital regresaba alegre y dándole gracias a Dios. Siempre decía: *"Yo estoy bien porque Dios está conmigo."* Siempre se le veía sonreír y hacer planes para el futuro. *"A todos nos sorprendió la manera como se fue; el cáncer que tenia era dañino, pero ese dia ella estaba de lo más alegre y no se notaba en ella ningún sufrir. Ya tenia 8 años con esa enfermedad y parecía que de ella iba a salir victoriosa,*" continua diciendo Ruthie. Lo impresionante de ésto es que cuando le diagnosticaron el cáncer a su tía Lilia, los doctores sólo le dieron 4 meses de vida. Cuando muchas personas no duran mucho tiempo y se van temprano, Lilia duró ocho largos años que Dios le regaló.

El mundo de Ruthie se derrumbó cuando le dieron la noticia. La lloró como se llora a una madre. Lilia era su tía política. Ella se había casado con su tío Israel. "*Corrí al hospital como loca y me encontré con familiares y vecinos. Al mirarla allí, en el lecho de su cama, sólo deseaba tocarla; al mirarla mi mente se llenó de bellos recuerdos de cuando éramos jóvenes. Recordé cuando ella me contaba sus cosas y me hablaba de Dios,*" tristemente dice Ruthie. Sus ojos brotaban lágrimas vivas, pero era su alma la que estaba siendo desgarrada. Sintió que todo por dentro le dolía. "*La quería un montón y ahora se me hacía difícil aceptar la idea de vivir sin su presencia.*" ¡Que doloroso es cuando se quiera mucho a una persona! Se acercó a ella, aun su sangre estaba tibia; parecía como si estaba durmiendo; la besó en la frente y le acarició su cara. Sus lágrimas eran incontrolables.

"*Su hermana me pidió que la adornara, que la vistiera, que la pusiera bonita y así lo hice. Le di su ultimo vestir, la maquillé y la besé de nuevo. Ese día le di mi último adiós,*" dice Ruthie. No era para menos, Ruthie había perdido a su tía, su amiga. "*Lilia se llevó parte de mi alma al morir. Si me preguntaran como yo la recordaría, con ansiedad diría: Fue mi tía más querida, mi amiga única, mi consejera espiritual, un extraordinario ser humano, una luchadora constante que demostró que en la vida hay que luchar,*" afirma Ruthie

Vio a su tía sufrir, sufrió por mucho tiempo, su sufrir fue constante y extremadamente doloroso. Su tía murió de cáncer. "*A mi me tocó verla sufrir por unos 8 largos años. La pobre luchó hasta no más, luchó hasta que su cuerpo ya no resistía un dolor más. Su partida me trajo no sólo dolor, sino nostalgia. Perdí a una tía, pero también a una buena amiga.*" Recuerda Ruthie que cuando ellas eran más jóvenes compartieron muchas cosas. Su tía le ofreció cuidado cuando Ruthie pasaba por momentos difíciles. "*Con ella aprendí a luchar para seguir viviendo, sus luchas por sobrevivir eran diarias, me impresionó la manera como ella luchaba contra su enfermedad. Eso me sirvió para luchar contra las mias propias, puedo decir que de ella aprendí a aceptar las cosas que la vida te da, no quejarte mucho, sólo luchar y luchar.*" La muerte de su tía la afectó mucho emocionalmente. Por eso también le ha tocado sufrir.

A Ruthie también le ha tocado visitar el hospital varias veces. Ha luchado contra sus propias enfermedades; ha pasado por algunas que pensó nunca se iba a recuperar. Recordando esos malos momentos dice:

"*Me ha tocado pelear contra Distrofia Granular, Meningitis, fuertes bronquitis, problemas de ovarios—al punto que me sacaron la matriz—*

problemas abdominales, y como si fuera poco artritis ósea (en los huesos) y hasta problemas de memoria. Haber padecido de Meningitis me dejó problemas mentales al punto que muchas veces se me olvidan las cosas; y repetidamente les he quedado mal a algunos amigos. Se me olvidan las cosas de la noche a la mañana."

"Cuando me dio Meningitis, sentí que me iba de este mundo. ¡Qué cosa más horrible la que me dio! Me cuentan que cuando me dio no respondía ni siquiera a mi nombre. Agradezco a Carlos J—quien para ese entonces era mi novio—el haberme llevado al hospital ese día. Recuerdo que me llevaron a Saint Joseph hospital en Michigan donde me dieron la atención adecuada. Me sacaron líquido de la columna y después de un tiempo me pude recuperar. Sigo pensando que no soy la misma, que algo de mí se fue; y en realidad, las cosas ya no las recuerdo como antes, mis fuerzas no son las mismas y mis energías ya no son como antes, creo que todo es producto de esta terrible enfermedad."

"Removerme la matriz por problemas de ovarios también fue doloroso—mi mama también padeció de lo mismo—me siento vacía por dentro. Al sacarme los ovarios mi ánimo fue transformado y mi apetito sexual ha disminuido; aun siento deseo por compartir intimidades, pero siempre existe la incógnita de que algo me puede fallar, pues como dije antes: siento como si allí hay un vacío que no lo puedo explicar. Creo que esta escasez de apetito sexual me causó problemas con Carlos J. Con todo lo que me estaba pasando, él empezó a desanimarse un poco. "Me cambiaron la mujer" siempre me decía, "ya no eres la misma Ruthie" me repetía. Esto le dio un giro negativo a mi relación con él, ya las cosas no eran las mismas, se me hacía un poco difícil complacerlo en todo. Mi relación se fue deteriorando y el sólo se reservaba sus comentarios."

Es posible que el no haber tomado las pastillas de las "hormonas" que se necesitan para recuperar el apetito sexual cuando le remueven la matriz a una mujer, haya disminuido el interés de Ruthie por tener relaciones íntimas; y en consecuencia, empeorado la situación con Carlos J. A decir verdad, existía una tremenda diferencia entre la Ruthie del pasado—fogosa y deseosa—y la Ruthie del ahora—cansada y con pocas ganas. Ella hizo el esfuerzo por mejorar las cosas, y por días pensó que las cosas iban a andar mejor; pero todo se quedó a la expectativa—él: exigiéndole más; y ella: esperando que él la entendiera. *"Lo mejor de todo ésto, es que él siempre me entendió, que nunca hizo un mal comentario de lo sucedido; pero aun así, a nuestra relación le faltaba brillo,"* confiesa Ruthie.

Ruthie siempre creyó que el problema mayor de salud que la vida le había dado era el operarse ambos ojos—Las corneas de los ojos de un donante fallecido ha sido su luz por años;

gracias a él ella ha podido ver un poco mejor—Su problema mayor de salud se le avecinaba y estaba desarrollándose dentro de sí misma sin que ella le diera muchas importancia. Las exigencias del trabajo la hacían estar constantemente en movimiento, levantar objetos pesados, y doblarse a menudo. Esto le causó dolores de espalda y problemas de columna. Se le diagnosticó artritis crónica en la espina dorsal. Enfermedad que la hizo retirarse de su agotador trabajo y buscar ayuda médica para recuperar sus fuerzas. La incógnita seguía: ¿***Terminarán algún día sus Sufrimientos***?

Confesiones de una Amiga

Alguien un día dijo que los seres humanos somos incompletos y hasta vacíos nos sentimos si no tenemos amigos. Amigos a quienes les damos un voto de confianza y a quienes confesamos y decimos nuestros secretos. Muchos adoptan por tener mascotas como mejores compañeros, otros se apegan a cualquier objeto para expresar su sentir. El perro por ejemplo, se dice, es el mejor amigo del hombre, incluso mejor que un mismo ser humano, pero no nos puede hablar. A los perros no podemos comunicarles nuestros sentimientos; de modo que necesitamos la cercanía y el compañerismo de alguien semejante a nosotros. Es una manera de terapia decir las cosas que nos molestan por dentro y contarlas nos hace sentir mejor. Se ha demostrado que si "*nos tragamos*" las cosas, y no nos "*sacamos esa espina de adentro,*" éstas producen resultados negativos en nuestras vidas y hasta poco a poco nos destruyen nuestros cuerpos.

Rabia tragada da cáncer, depresión y es la causante de muchas enfermedades. El mantener un odio por dentro nos enferma, nos daña nuestro interior, nos irrita cada órgano del cuerpo y hasta pudiera causar la misma muerte. Llegamos muchas veces a situaciones tan deprimentes que no podemos controlar ni siquiera nuestro pensar y nuestro comportamiento cambia; al punto que cometemos locuras o hacemos cosas que a los ojos de los demás parecen increíbles. Prácticamente con callar nuestros problemas nos adelantamos a la vejez y nos acortamos nuestras vidas.

"*Necesito desahogarme,*" le confesaba Ruthie a Juanita. "*Siento muchas cosas por dentro que me están matando. Gracias a Dios que te tengo a ti, negrita. Ya no soporto esta vida de decepciones e injusticias.*" Así es, su mejor amiga Juanita se había convertido en refugio para la sufrida Ruthie.

"*No sabemos exactamente como nos conocimos, si sé que fue en 1992 y fue en la casa de una de mis primas. Allí nos presentamos y nos dimos nuestros nombres por primera vez después de darnos de cuenta que ambas éramos Puertorriqueñas,*" recuerda Juanita. Ese día empezó a lo que llamaremos la unión de una bella amistad que ha perdurado a través de los años y que según Ruthie, "*ni la muerte nos separará, al cielo llegaremos juntas y nos seguiremos contando las cosas que nos pasaron.*" Lejos estaba Ruthie en saber que hasta la misma Juanita más luego traicionaría su amistad y se alejaría de ella por completo.

"*Cuando nos conocimos nos comunicamos muy bien,*" orgullosamente dice Juanita. "*Muchas cosas teníamos en común: Vinimos del mismo país, ambas éramos madres; yo, ya casada con 2 hijos; ella, con 3 niños y casada con mi primo Juan. La historia de ella con mi primo es una de las más decepcionantes y horrendas que existe. Ruthie es víctima de una de las peores cosas que le pudiera pasar a una madre: Que le abusen a sus hijas sexualmente,*" agrega Juanita. "*Ese sí que le hizo daño, no daño físico, pero sí daño emocional por haberle tocado lo más bello y querido que ella tenía en ese momento, sus hijas,*" tristemente confiesa Juanita.

Estas dos también tienen su historia. Se puede decir que desde el día que se conocieron, creció entre ellas lo que llamaremos una amistad eterna. Ambas han pasado por momentos amargos que le han traído el divorcio. Ambas han sido madres sufridas; de modo que tienen mucho que contarse. Ambas tienen una gran devoción por las cosas espirituales; y ambas se confesaban diariamente sus más íntimos secretos. Muchas veces se desvelaron contándose cosas. Cada una tenía sus secretos bien guardadito, y no se lo revelaban a nadie. Se querían y eso, ambas lo sabían. "*Nunca deseo traicionar su amistad y estoy segura que ella tampoco lo haría,*" expresa Ruthie. Ruthie y Juanita eran amigas muy unidas y hasta se parecían un poco a la distancia. "*Muchas gente nos ha confundido de lejos y hasta han pensado que somos hermanas,*" declara Juanita.

"*Si algo pudiera decir de ella diría que es demasiado maniática con la limpieza y muy directa para decir las cosas, creo que es una tremenda mujer que se merece ser amada y llegar a ser feliz,*" afirma Juanita. Amigas al fin, su amistad ha perdurado a través de los años y no hay motivos para pensar que así seguirán hasta que la muerte las separe; y como lo dijimos antes—hasta en el cielo se contarán sus secretos.

Ha habido ocasiones donde el sufrir las ha unido, donde el sufrir las ha acercado más. Juanita se sintió muy mal cuando se enteró que su primo Juan le había fallado a su amiga de la manera como lo hizo. Muchas fueran las horas que pasaron juntas tratando de buscar una explicación a lo sucedido. Juan tenía antecedente de abuso sexual porque había tratado de abusar hasta de la misma Juanita cuando ella era joven. Esto ella nunca lo comentó con Ruthie por miedo a incomodarla y no empeorar las cosas con sus hijas. Cuenta Juanita que:

"Mi primo le jugó muy sucio a mi amiga, debí ponerla en alerta, pero nunca me pasó por mi mente que él llegara tan bajo de la manera como

abusó de sus hijas. Cuando me informé de lo que mi primo le hizo a las hijas de Ruthie, ese fue el mejor momento para confesarle que yo también fui víctima de su acoso, pero no lo hice, me lo reservé. Nunca pensé que mi primo llegara a esos extremos. Conmigo lo intentó cuando yo ya era toda una mujer; pero hacérselo a esas niñas es de por sí muy sucio y desagradable."

Juanita se convirtió en su amiga más cercana, la acompañó en los momentos más difíciles de su vida y sufrió con Ruthie. Le dio su apoyo en todo y hasta lloró muchísimo con ella. Ambas fueron víctima del mismo verdugo; un hombre que con su carisma convenció a las dos de que era honesto mientras les jugaba con doble cara. "A mi primo no le importó un "carrizo" el querer abusar de mi" y mucho menos tuvo consideración con esas niñas," molesta dice Juanita.

Ruthie está muy agradecida de Juanita por escucharla y ser su *"paño de lagrimas"* en muchas ocasiones. "Los sufrimientos que Juan me dio, Juanita los vivió conmigo; y el día que descubrí la traición de Carlos J, junto a ella me bebí las lágrimas. Eso se lo agradezco, el estar a mi lado cuando más la necesitaba; pero me decepcionó cuando me informé de las habladurías que ella estaba diciendo por *"debajo de la cuerda."* "Habló mal de mis hijas y eso no me gustó, estoy muy decepcionada," dice Ruthie. "No puedo creer que después de tanta confianza y respeto que nos dimos, ella se haya puesto de decir cosas desagradables de mis hijas. Su hija no es tan inocente que digamos, pero yo no me pongo a criticarla o a difamarla como Juanita lo ha hecho con las mías," molesta dice Ruthie.

Su amistad con Juanita estaba en decadencia, se había pausado. No estaba molesta con ella, pero tampoco deseaba más su amistad. Así la vida la fue separando de todos los que le habían hecho daño. Sus ex maridos y novios ya no eran un problema para ella. Todos habían desaparecido de su vida; incluso el mismo Carlos J era parte de su pasado; y con Juanita ya no existían conversaciones o intercambiaba secretos. Sólo quedaba ella cargando con su pasado, disfrutando de la alegría de su nieto, y esperanzada que algún día, en un futuro no muy lejano, su verdadero príncipe azul aparecería.

Capítulo 10

Su Futuro Incierto—¿Tendrá un Final Feliz?

Dios busca comunicarse contigo de diferentes maneras. Además de la Biblia, angeles y personas, el Señor también usa sueños, visiones y circunstancias para informar o advertir a los seres humanos. A todo esto yo le llamo el lenguaje de Dios. Personas de la antigüedad siempre esperaban que Dios les dijera algo en sueño, en visiones, o experiencias similares. Esa manera de Dios comunicarse con su gente es muy bíblico. Eso explica por qué hay más de 200 referencias de sueños en la Biblia. Fue en un sueño que un ángel del Señor le dijo a José que tomara a María como esposa después que él quería dejarla en secreto, "*Y pensando él en esto, un ángel del Señor le apareció en sueños y le dijo: José, hijo de David no temas recibir a María tu mujer, porque lo que está en ella engendrado, del Espíritu Santo es*" (Mateo 1:20). Un ángel también se le apareció a José en sueños y le avisó que huyera a Egipto para proteger al niño Jesús del rey Herodes, "*. . . he aquí un ángel del Señor apareció en sueños a José y dijo: Levántate y toma al niño y a su madre, huye a Egipto, y permanece allá hasta que yo te diga; porque acontecerá que Herodes buscará al niño para matarlo*" (Mateo 2:13). Como vemos los sueños existen y son verídicos cuando vienen de Dios.

Fue en un sueño que Carlos J vio el futuro de Ruthie. Realmente él no puede asegurar que este sueño vino de Dios; o simplemente fue una idea imaginativa de su inconsciente. Lo cierto es que todo ser humano debería de creer en sueños. Los sueños son advertencias del futuro. Si son buenos, deberíamos de orar para que se hagan realidad; y si son malos, deberíamos de orar también para que no se hagan realidad; de modo que creamos en la veracidad de los sueños. Se haga realidad o no, lo que él soñó, sólo lo sabe Dios. En este sueño Carlos J pudo ver con claridad que el futuro de él con Ruthie ya estaba predestinado; que la vida ya había trazado el destino de ambos. "*Si los sueños son señales de la vida, entonces ya yo sé que pasará con Ruthie,*" dijo Carlos J al referirse al futuro de ella. El sueño empieza con Dulce María preguntándole a su mamá: "*Mami, tenías tiempo que no te vestías así para un hombre. ¿Por qué te vistes así para Mateo?*

Dulce María se sorprendió al ver a Ruthie muy entusiasmada antes de la llegada a su casa de su nuevo amor, "*Mateo*." Había pasado cierto tiempo—como 2 años—que la imagen de Carlos J se había quedado en el pasado. Muchas cosas habían cambiado, su mente ya estaba curada de la desilusión que él le causó. Su separación definitiva de Carlos J fue un acuerdo entre los dos. Él también estaba decepcionado de Ruthie; o quizás de la misma vida por no lograr que su relación con ella se consumiera en matrimonio. Ninguno de los dos se dejó, sólo que cada quien prefirió tomar un camino diferente y buscar nuevos horizontes en la vida. "*Quizás en el futuro tú y yo nos uniremos de nuevo; no lo sabemos; a lo mejor tú te consigues una pareja, y yo a alguien también; y luego, si no nos va bien con ellos los dejamos y nos reunimos de nuevo,*" eso lo comentó Ruthie mientras se separaban. "*Yo te puedo asegurar que si eso pasase, yo nunca volvería contigo, una vez que yo tome la decisión de estar con alguien más, no la dejaría por ti,*" le contesto él. Ambos tenían claras las cosas al separarse.

Lo sorprendente de este sueño es que Mateo estaba casado y tenía dos hijos. Esto no lo sabía Ruthie. En el sueño, Ruthie estaba bajando las escaleras de su casa, estaba bien vestida, y sonreía cálidamente a Mateo. Su semblante cambió minutos después al escuchar de la boca de Mateo el secreto que él astutamente le había ocultado. Aun en este sueño, su felicidad se convirtió de nuevo en sufrir, su gozo en lloro, de nuevo la felicidad le huía. Mateo no era todo lo que ella se imaginaba, y otra desilusión la acaparó—Se equivocó de nuevo con los hombres—A la mirada sorprendente de todos los que visitaban, Ruthie no pudo contener su llanto y a su habitación se dirigió. Sollozando recostada en su cama la consiguió su hija Dulce María quien cariñosamente trató de sosegarla.

Obviamente no podemos asegurar que lo que pasó en el sueño le pasará a Ruthie en el futuro. Cuatro veces ella ha intentado hallar la felicidad con una pareja y no lo ha logrado. Nombres como Carlos Justino, Papo, Juan y hasta el mismo Carlos J sólo le traen sufrimientos; y de vez en cuando, un poquito de alegrías. Si este sueño se hace realidad, pareciera que ella fallará con los hombres por quinta vez. ¿Se puede tener tanta "*mala suerte*" en la vida cuando se trata de relaciones amorosas; o es que, hay algo en ella que deberíamos de examinar muy de cerca? Su vida ha estado llena de malas relaciones amorosas, problemas en el hogar y con sus hijos. ¿Será que Dios apartó de su lado su Divina Gracia, o es que el Señor la está probando? La repuesta no es conclusiva. La raíz de sus fracasos pudiera estar en ella misma.

El separarse de Dios y no obedecerle pudiera ser la causa; quizás porque ella puso a un lado el talento que Dios le dio—su talento musical para que le adorase—y se ocupó de otras cosas. Es muy posible que el alejarse de Dios, una maldición se le pegó; o quizás, y lo que posiblemente es la repuesta a sus sufrimientos, Dios en verdad la ha estado probando como el fuego. ¿Será que se está cumpliendo en ella lo que la Biblia dice que seremos probados como la plata y el oro? ¿O es que para Dios ella es algo muy especial y está tomando como bienaventuranza su sufrimiento? Quizás esa sea una manera que Dios ha usado para bendecidla a lo largo de su vida. Lo que sí es seguro y hasta extraño, Dios bendice a los que sufren: "*He aquí que tenemos por bienaventurados a los que sufren*" (Santiago 5:11). Esto es muy difícil de entender, pero lo dice la Biblia y debemos de creerlo.

Sus fracasos de pareja también pudieran ser por otros factores. Las parejas no funcionan y se separan por muchas razones, entre ellas:

1. No se comunican bien y dejan de contarse las cosas
2. Tienen muchos problemas financieros
3. Se acaba la atracción física, hay traición y nace la desconfianza
4. Se va el respeto y empiezan las ofensas
5. No piensan iguales por tener personalidades opuestas
6. Diferentes culturas y maneras de creer
7. Muere el amor producto de las muchas discusiones

Todas las razones arriba mencionadas las sufrió Ruthie con todas sus parejas. Cuando eso sucede: "*Se va el respeto y empiezan las ofensas;*" y eso lo tuvo Ruthie con todos ellos. Llamase, Carlos, Juan o Papo todos ellos la maltrataron, la irrespetaron y la ofendieron deliberadamente. Son muchas las razones que te pueden separar de tu pareja. Sin ser expertos en algunas de ellas, sólo pensando desde el punto de vista cristiano, podemos decir que: Dios está presente en todo lo que hacemos y deberíamos de consultarlo antes de seleccionar a nuestras parejas. Aunque es conocido que los que se casan siempre pasarán por problemas; o tendrán aflicciones en la carne—"*Si te casas, no cometes pecado; y si una joven se casa, tampoco comete pecado. Pero los que se casan van a tener problemas en la vida . . .*" (1 Corintios 7:28). También sabemos que las uniones en el mundo cristiano suelen ser menos problemáticas. Fuera o dentro del cristianismo los matrimonios siempre tendrán todo tipo de problemas. Eso es normal. Así crecen las relaciones; pero el que se case, le va ir mejor en el matrimonio si se casa en el Señor.

Estando un poco más familiarizados con su historia, sabemos que Ruthie fue instruida en el evangelio y que desde niña creía en un Ser Supremo. Parte de su adolescencia también la pasó en la iglesia, pero a los 18 años su vida cambió y se casó con Carlos Agustino, quien no conocía a Dios. Éste la trató pésimo y le hizo la vida imposible. La Biblia enseña que la luz y las tinieblas no pueden estar juntas; es muy posible, que, aunque se casaron por amor, Dios nunca bendijo ese matrimonio. Otras relaciones desiguales siguieron donde también se vio con claridad que las tinieblas no pueden vivir con la luz como lo declara la Biblia.

Nada garantiza que ella alcanzará la felicidad, o tendrá un mejor éxito en otra relación; pero, si se casare con un hombre cristiano, lo que si podemos decir, es que luz con luz si pueden convivir juntos; lo que llama la Biblia: "*Yugos iguales.*" Y eso indica que Dios aprueba esa unión porque ambos sirven a Dios, quien con toda seguridad bendecirá ese matrimonio.

Muchos se preguntarán si la vida será generosa con Ruthie, o si convertirá su sufrir en felicidad. La repuesta no la tenemos porque aún ella sigue pasando por muchas dificultades; la vida le sigue dando sufrimientos y llenando todo su alrededor de calamidades. Ya llegará el día cuando ella deje de sufrir, cuando no tenga más traiciones o padezca más enfermedades. Ese día no lo sabemos, sólo lo creemos que llegará, porque la Biblia dice que: "*Los que sembraron con lágrimas, con regocijo segarán*" (Salmos 126:5). Y también asegura que: "*Enjugará Dios toda lágrima de los ojos de ellos; y ya no habrá muerte, ni habrá más llanto, ni clamor, ni dolor; porque las primeras cosas pasaron. Y el que estaba sentado en el trono dijo: He aquí, yo hago nuevas todas las cosas*" (Apocalipsis 21:4-5). La promesa es que Dios limpiará toda lagrima de nuestros ojos; ese día llegará porque es una promesa de Dios quien sabemos cumple sus promesas y no miente. Él no es hombre para mentir, ni dios para engañar.

El futuro de Ruthie sigue siendo incierto. Su destino no lo sabe nadie. No se puede predecir que pasará con ella, o que será de su vida ahora que padece de artritis crónica en la columna—una desastrosa enfermedad que a ella misma le preocupa. Preocupación a su familia les da el saber que esta última enfermedad pudiera llevar a Ruthie a pasar el resto de su vida en una silla de ruedas y a un estado depresivo muy grande. Doloroso es pensar que la mujer que ha sufrido abuso infantil, violencia doméstica, problemas en el hogar, maltratos físicos y verbales, abuso sexual de sus hijas, traición por parte de hombres y amigos; ahora pueda vivir paralítica por lo que le queda de vida. Por los momentos Ruthie se mueve a lugares con la ayuda de su "*sexy bastón,*" como lo llama ella. Su estado anímico es un poco mejor porque ahora puede descansar y dedicarle tiempo a su familia, sobre todo a su nieto Armani y a sus tres hijos. Su esperanza está en las manos milagrosas de los médicos y/o a la voluntad del mismo Dios.

Por lo tanto, mirando desde la tierra hacia el cielo y no desde el cielo a la tierra aún seguimos buscando una respuesta a la pregunta anterior: "*¿Terminarán algún día los Sufrimientos de Ruthie?* Eso sólo lo sabe Dios.

Olvidar y Perdonar es un Verdadero Proceso

¿Qué es perdonar? En definición perdonar es: Dejar de sentir resentimientos contra quien te da opresión. No tomar en cuenta (olvidar) la falta que otro comete. Perdonar es liberal el odio que existe en tu corazón. Una vez que lo sacas de ti, eso te hace libre. Cuando perdonas te sientes aliviado y en paz. La habilidad de perdonar viene de Dios. Leemos en Mateo 6:14-15: *"Porque si perdonáis a los hombres sus ofensas, os perdonará también a vosotros vuestro Padre celestial; más si no perdonáis a los hombres sus ofensas, tampoco vuestro Padre os perdonará vuestras ofensas."* El perdonar es un mandato de Dios. La Biblia no te lo aconseja o te lo recomienda, te lo exige. Literalmente lo que Jesús nos quiere decir en esos versículos es que si perdonas, Él te perdona; si no perdonas, Él no te perdona. De modo que al no perdonar te estas arriesgando a perder tu salvación.

El mejor ejemplo de perdonar lo dio Jesús. Él es un experto en el perdón. Él nos presentó su perdón en la cruz del calvario; allí Jesús murió para perdonar a la humanidad y tu pecado. Pecados que Jesús jamás recordará cuando vienes a Él: *"Porque seré propicio a sus injusticias, y nunca más me acordaré de sus pecados y de sus iniquidades"* (Hebreos 8: 12). No puedes ofrecer perdón si nunca has olvidado. Perdonar es la llave que te prepara para que tengas un nuevo comienzo. El perdonar es parte del proceso curativo que toma cierto tiempo, pero que tiene su comienzo en *"olvidar y perdonar la ofensa de tu agresor."*—Ese es el primer paso—Necesariamente no tienes que compartir o vivir con esa persona; pero tu corazón tiene que estar limpio para que te cures del mal que te hicieron. Unos de los pasajes bíblicos que más nos llama la atención se encuentran en el libro de Génesis donde habla de la historia de José y como perdonó a sus hermanos—Génesis: 43:21-23; 45:4-15; 50:20.

Para curarse de esas tantas emociones dañinas que produce el no perdonar, cada persona debe *"desear ser curada."* Como dije antes, el primer paso para curar esa herida es perdonar; claro está, el que realmente perdona, también tiene que olvidar para que el proceso sea completo. Si perdonas tienes que olvidar; de lo contrario, cada vez que mencionas el pasado, es como reabrir la herida que ya fue saturada. No recuerdes más tu pasado y perdona a todos aquellos que te hirieron. El perdonar y el olvidar es la medicina que curará tus heridas eternamente, y sanará tu alma. Perdonar es tan grande como el amar y trae de nuevo el amor. El perdonar y el amar trabajan juntos en el ambiente de Dios. Si el Señor nos amó, ¿quiénes somos nosotros para no perdonar?

Fue una acción de amor que nos trajo el perdón, como lo demuestra el sacrificio de Dios para con la humanidad. Dios el Padre dio a su hijo en amor para perdonar; y así, salvar al mundo: "*Porque de tal manera, amó Dios al mundo, que ha dado a su Hijo unigénito, para que todo aquel que en Él cree, no se pierda, mas tenga vida eterna*" (Juan 3:16). Mostremos amor el uno por el otro como lo dice la Biblia en Juan 13:35—"*En esto conocerán todos que son mis discipulos, si tuvieres amor los uno con los otros*." Para poder cumplir con ese mandato, es necesario que primero empecemos perdonando y mostrando nuestro amor. Como el que no ama no conoce a Dios, el que no perdona tampoco lo ha conocido. Cada uno de nuestros sentidos cumple una función en nuestra vida:

> *Dios nos dio ojos para ver el sufrimiento*
> *Oídos para escuchar clamores*
> *Mente para entender el dolor*
> *Corazón para conmovernos y ayudar;*
> *Y amor para olvidar y perdonar*

Amar y Traicionar

¿Se puede amar y aun traicionar? ¿O, ir a la cama con otra mujer que no sea tu novia? Por supuesto que sí, pero no es lo más correcto o aprobado por las leyes divinas. Hay hombres que por naturaleza humana les gusta saborear algo nuevo, demostrar que aún pueden conquistar a otra mujer; o quizás asegurarse que aún pueden llevar a la cama a una mujer para levantar su ego; quizás el machismo dentro de ellos los hace buscar a alguien para sentirse más hombre. ¡Que ignorante son esos hombres! No se dan de cuenta que cuando se comportan así, lo que hacen es herir a su ser querido. La verdad es que, no importa como lo veamos, el acostarse con otra mujer cuando tienes tu pareja, es claramente una traición. Muchas veces nos arrepentimos porque nuestra misma conciencia nos inquieta el alma, nos habla y nos dice que lo hicimos muy mal.

Es muy difícil sobreponerse de una traición. Quien la padece normalmente regresa al pasado y convierte a éste en una cosa del presente. Muchos dicen que se puede perdonar, pero nunca olvidar; tales personas nunca se curarán esa "*llaga*" que llevan por dentro; y por lo tanto, nunca serán felices. Si perdonas deberías de olvidar y luchar contra todo obstáculo para ser feliz con tu pareja. Si alguien desea realmente perdonar, necesita empezar olvidando lo que pasó y enterrar por completo (a lo que es decir: Sepultar el pasado al cual nunca más recordarás). No siembres tu pasado por un tiempo, porque lo que siembras va a retoñar y nacerá de nuevo.

¿Cómo te das de cuenta que has sembrado el pasado y no sepultado a éste? Cuando le recuerdas a tu amado lo que él hizo. Lo que entierras nunca nace más, se convierte en polvo; de modo que ni siquiera se lo menciones a tu pareja, o se lo recuerdes; porque recordarlo, es como volverse al primer día cuando tal cosa sucedió; por lo tanto, si ese día te dolió, aun te seguirá doliendo; y es hasta peor, porque el mucho recordar lo malo hace mucho más daño que el primer día. Es responsabilidad de toda pareja que desean amarse nunca recordarse los malos momentos del pasado; y si por alguna razón éstos se discuten algún día, es para aprender de ellos y edificar su relación. No podemos revivir un mal pasado porque nos trae ratos amargos. No se puede esperar que alguien te amé cuando constantemente le estas martillando esa pesadilla en la cabeza.

El pasado es como una vaca que fue atropellada en la vía. Imagínate que tú eres el conductor del camión que atropello a esa pobre vaca. Una semana después pasas por el mismo sitio y notas que el olor de la vaca muerta es fuerte, que hiede e incomoda. Dos semanas después regresas al mismo lugar, y notas que el olor de la vaca muerta es mucho más fuerte. Tres semanas después vuelves al mismo lugar y el olor es insoportable. ¿Qué significa eso? Que cada vez que regresas y recuerdas un mal pasado, la situación empeora, no mejora y hace mucho más daño.

Para que puedas eliminar esa incómoda situación, necesitas olvidarte que atropellaste a esa vaca; que no tienes nada que hacer con ella; en otras palabras, el día que la atropellaste, ese mismo día la enterraste; de modo que, entierra de una vez por todas un mal pasado, no lo recuerdes; sólo aprende el él, así tendrás una relación menos conflictiva y estarás trabajando para edificación de ésta y no para destrucción.

Perdonar y Reconciliación

Perdonar no implica necesariamente reconciliación. El abuso o la traición pudieran continuar aún si las parejas se reconcilian. Reconciliarte con tu pareja cuando ésta te sigue oprimiendo es darle a entender a ésta que lo que hizo fue insignificante; aunque al mirarte al espejo, la imagen que ves es dolorosa y triste: un golpe en la cara, un morado en el ojo, un rasguño en la frente, todo producto de la noche anterior.

Perdonar es la más sagrada característica que un ser humano le pueda mostrar a otro. Parejas deberían de perdonarse a todo tiempo; pero no reconciliarse hasta que ambos les busquen solución al problema; o a los problemas que generan el abuso. Darse un tiempo es recomendable; estudiar la situación en detalles ayudará a una mejor reconciliación en el futuro. Por lo tanto, si no les has hallado solución al origen de tus problemas, no caigas en el error de reconciliarte con tu pareja. Si el opresor busca ayuda, o se educa en este tema, o se dispone a cambiar su actitud hacia su pareja, el reconciliarse hará que su vida conyugal sea mucho mejor; eso sí, la decisión tiene que ser sincera y llena de hechos. No hay cosa más linda que perdonarse y reconciliarse para empezar de nuevo. Renovados ambos y llenos del *"primer amor"* que una vez los unió.

Darse un tiempo sirve como periodo de curación. El periodo de curación hará que todas las emociones salgan de tu corazón, y que tu alma se sane por completo; claro teniendo en cuenta que, el Espíritu Santo de Dios mora en tu corazón ahora que le sirves a Dios. Si te lanzas a una reconciliación sin resolver lo que te originó el maltrato, te estas encaminando a mas abusos; y en consecuencias, a un definitivo fracaso conyugal. Probar no cuesta nada y darse un tiempo nos hará pensar mejor y ver el problema desde afuera. El vivir con alguien no es *"prueba de bala"* o felicidad segura, o que todo será perfecto; si así fuera, la Biblia no dijera que el que se casa siempre tendrá problemas: *". . . Pero los que se casan van a tener problemas . . ."* (1 Corintios 7:28); pero aun así, problema que aparece, solución que se le busca.

Perdonar de corazón abre las puertas para que el Señor trabaje en ese periodo de espera; y una vez que el *"tiempecito"* pase, tendrás la reconciliación pura y permanente que ambos desean. Las instrucciones para perdonar están en la palabra de Dios—la Biblia—ésta nos aconseja y hasta nos exhorta que debemos de perdonar: *"Quítese de entre nosotros toda amargura, enojo, ira, gritería y maledicencia, y toda malicia. Antes sed benignos unos con otros, misericordiosos, perdonándoos unos a otros, como Dios también os perdonó a vosotros en Cristo"* (Efesios 4:31-32). También nos dice que la reconciliación es buena porque el primer paso de reconciliación lo dio Jesucristo al morir en la cruz. Dios reconcilió al mundo a través de Jesucristo; en otras palabras, Jesús vino al mundo y murió en una cruz para que nosotros tengamos la oportunidad de volvernos a Dios y ser salvo: *"Porque si siendo enemigos, fuimos reconciliados con Dios por la muerte de su Hijo, mucho más, estando reconciliados, seremos salvos por su vida. Y no sólo esto, sino que también nos gloriamos en Dios por el Señor nuestro Jesucristo, por quien hemos recibido ahora la reconciliación"* (Romanos 5:10-11).

Si Dios lo hizo, nosotros también deberíamos de hacerlo. El Señor nos lo dejó como ejemplo. Recuerda que la clave de la reconciliación entre parejas está en *"vete y no peques mas"*—*"Te voy a perdonar, pero no me lo hagas de nuevo"* como le dijo Jesús a la mujer adúltera: *". . . Mujer, ¿dónde están los que te acusaban? ¿Ninguno te condenó? Ella le dijo: Ninguno, Señor. Entonces Jesús le dijo: Ni yo te condeno; vete y no peques más"* (Juan 8:10-11). Si le fallaste a tu pareja, corrige lo problemático y no lo hagas más para que puedas tener una vida en paz como lo desea el Señor.

Una de las historias que se puede decir terminó en éxito fue la historia de "Donna." "Donna" refleja a Jesucristo por dentro y por fuera; se ve una mujer feliz, llena de dicha en su corazón gracias a Dios; pero "Donna" no era así unos años atrás. Ella sufría de odio y de un imperdonable rencor hacia su esposo. Lo peor del caso es que cuando su marido estaba vivo, "Donna" lo adoraba sin condiciones ni limites; pero al morir éste, su corazón se llenó de amargura; y se creó en ella un sentimiento de odio que sólo Cristo lo pudo sacar en el momento que ella decidió perdonar.

Allí está la clave, hay que perdonar para que el Señor actúe. Hay que perdonar y olvidar para que te puedas curar por completo. Perdonar es liberal el odio que existe en tu corazón, una vez que lo sacas de ti, eso te hace libre. Cuando perdonas te sientes libre. *"Cuando perdoné, me liberé ese peso que tenía por dentro, el perdonar a mi esposo me trajo arrepentimiento, el Señor me llenó de su Espíritu Santo; y desde ese dia me siento completamente libre,"* comenta ella. Cuenta "Donna" que su esposo murió aun joven y eso le cayó de sorpresa. Ella culpó a su esposo por haberse muerto joven cuando más ella lo necesitaba—aun los niños estaban jóvenes cuando su esposo murió—Ella temía que la vida se le haría mucho más dura. *"Yo puse toda mi vida en él; pero partió de este mundo dejándome sola con una carga muy difícil de llevar,"* menciona "Donna." Su marido murió de un infarto y tenía diabetes; pero, ¿por qué culpaba "Donna" a su esposo si él no se causó ese infarto? A los ojos de "Donna," el debió cuidarse más para evitar esa inesperada y repentina muerte. Así se sintió ella por mucho tiempo; y ese sentimiento de "*no poder perdonar*" la estaba consumiendo como un cáncer y no la dejaba vivir.

Un día fue a la iglesia y le abrió su corazón al Espíritu Santo. El Señor la tocó. Ella empezó por perdonar a su esposo. Se sacó ese peso de encima, sus emociones se aliviaron, su ansiedad de odio salió. El perdonar le trajo arrepentimiento; y ahora goza de la dicha del Señor. Si no nos desprendemos de esas dolorosas emociones, éstas nos consumirán hasta ocasionarnos la muerte física y más aún la muerte espiritual sólo por no perdonar. Recuerda el que no perdona nunca ha conocido a Dios porque Dios nos dio el mejor ejemplo de perdón.

Antes de reconciliarnos con nuestra pareja, primero tenemos que curarnos. Este es un proceso cuidadoso y requiere mucha oración dejando que el Espíritu Santo de Dios nos de capacidad y la sabiduría para entender lo que estamos pasando; de esa manera podemos superar la situación en que nos encontramos en ese momento. Catherine Clark Kroeger & Nancy Nason in su libro *"No place for Abuse,"* (*No lugar para el Abuso*) sugieren que: *"lo primero que debemos hacer es reconocer que en verdad hemos causado daño emocional o físico a alguien. Si tú eres el opresor, entonces deberías de arrepentirte y tratar de hacer las cosas correctas con la persona a quien has lastimado; si somos nosotros los que hemos sido ofendidos, entonces debemos de admitir que la ofensa en verdad sucedió. Si nosotros negamos la realidad de lo que ha pasado, la herida se va a empeorar."*[a] Acumular esa *"cantidad de emociones dañinas,"* es como una bomba de tiempo; que cuando explote causará un daño capaz de dejar una herida permanente por el resto de tu vida.

Perdonar es un proceso que pudiera tardar un periodo de tiempo, muchas veces más de lo que nos imaginamos; algunas veces hasta muchos años. A Ruthie le costó perdonar a su mamá por un largo tiempo. Estamos hablando alrededor de 30 años: *"Un día me senté con mi mama en una mesa de mi casa; y allí me "destapé" con ella; le dije que me sentía herida por lo mal que me trató cuando yo era una niña; ese día después de mucho llorar, ambas nos abrazamos; allí terminó mi periodo de rencor, ese día mis emociones hacia ella cambiaron; ese día la perdoné, también me perdoné a mí misma por haber llevado ese rencor por dentro por mucho tiempo. El perdonarla me trajo arrepentimiento, me trajo cura, me alivió mi mente y mi alma también,"* tristemente comenta Ruthie.

En vez de guardarse ese resentimiento en su corazón por su mamá, Ruthie decidió desprenderlo de su vida; y darle salida a esas emociones dañinas que no la dejaban vivir, como le pasó a "Donna." Ese rencor la tenía atada a una esclavitud emocional que la estaba matando por dentro. La Biblia dice que el arrepentimiento trae salvación (la verdad de Cristo) y esta te hará libre: *". . . conoceréis la verdad, y la verdad os hará libres"* (Juan 8:32). Eso fue lo que hizo Ruthie ese día. Sin lugar a dudas, las dolorosas memorias del pasado la mantuvieron atada a una vida de rencor y odio por más de 30 años. El no perdonar es como un cáncer que se extiende por todo tu cuerpo hasta quitarte la vida. La Biblia recomienda que nos perdonemos el uno al otro cualquiera que sean nuestras aflicciones; y nos ordena que perdonemos así como el Señor nos perdonó, *"Soportaos unos a otros, y perdonaos unos a otros si alguno tuviese queja contra otro. De la manera que Cristo os perdonó, así también hacedlo vosotros"* (Colosenses 3:13).

Ahora bien, si es imposible una reconciliación, la decisión de separarte de tu pareja tómala basado en lo que dice la Biblia. Dios no recomienda el divorcio; pero no dejes que el Diablo te mantenga esclavizada, tu ha sido llamada para vivir libre: *"Así que, si el Hijo os libertare, seréis verdaderamente libres"* (Juan 8:36). La libertad te la da el Señor, *". . . donde está el Espíritu del Señor, allí hay libertad."*—no esclavitud (2 Corintios 3:17). Tienes que decirle a Dios como te sientes. Es el trabajo de Dios traer justicia y transformación a la situación problemática. El Señor odia la violencia y castigará a los opresores. Si ves que las cosas que has hecho no te han ayudado en una posible reconciliación; y tu marido continúa *"azotándote"* y *"martillándote"* la vida; entonces, huye del peligro antes que sea demasiado tarde. Si en vez de paz visualizas más conflictos en el futuro, sepárate de él y busca de Dios para que Él te dé sabiduría en lo que tienes que hacer más adelante.

La Biblia enseña que escapemos del peligro cuando este asecha. Abraham se separó de Lot para evitar contiendas y le rogó que se apartase de él, *". . . Yo te ruego que te apartes de mi"* (Génesis 13:7-9). Abraham también se separó de Agar e Ismael y los echó de su casa para evitar conflictos entre Isaac e Ismael, *"Entonces Abraham se levantó muy de mañana, y tomó pan y un odre de agua, y lo dio a Agar, poniéndolo sobre su hombro, y le entregó el muchacho (Ismael) y la despidió . . ."* (Génesis 21:9-14). Años después cuando Abraham murió, Isaac e Ismael se unieron de nuevo para sepultar a su papá poniendo el conflicto y la riña a un lado. (Génesis 25:9). Jacob le hizo caso a su mama—Rebeca—y se separó de su hermano—Esaú— *"Ahora, pues, hijo mío obedece a mi voz, levántate y huye . . . hasta que se aplaque la ira de tu hermano contra ti, y olvide lo que le has hecho . . ."* (Génesis 27:43-45). David Huyó de Saúl cuando su vida estaba en peligro, *". . . Si no salvas tu vida esta noche, mañana serás muerto . . . y él se fue y huyó, y escapó"* (1 Samuel 19:11-12). Pablo también huyó cuando su vida estaba en peligro (Hechos 9:23-25). ¿Que te dicen todos estos pasajes bíblicos?, que *"cuando el río truena, es porque piedras trae;"* que cuando el relámpago aparece, es porque va a llover; en otras palabras, que te alejes del peligro cuando el opresor acecha.

Altamente es recomendable que cualquier persona que viene de una vida conflictiva y llena de abusos, tanto emocionales o físicos; no cometa el error de unirse a otra aun cuando la herida de su relación anterior no ha sido curada. Es totalmente irresponsable pensar que *"un clavo saca a otro clavo"* como dicen muchos, refiriéndose a que un hombre reemplaza a otro; o que una mujer sustituye a otra. Todos los que piensan así, no piensan en el daño que le puedan ocasionar a su nueva pareja. En vez de darle alegrías le va a dar tormentos. Cúrate primero, ten una mente sana y vida saludable antes de ofrecer amor de nuevo. No te unas a alguien tratando de huir del problema anterior; no cargues contigo esa *"llaga"* que aún sigue abierta. Cúrate y no seas egoísta, porque en vez de ser feliz, te estas encaminando a otro fracaso.

La mejor fórmula para tener una relación saludable es que ambos en la pareja se hayan curado de relaciones anteriores; y que ambos estén emocionalmente saludables. Para eso, ambos tienen que hablar muy sinceramente y contarse su pasado. Y luego, y sólo después que se han contado las cosas y deciden luchar juntos, el pasado nunca más debe de mencionarse. Personas quienes aún están afectadas por relaciones anteriores, normalmente tienen muchísima dificultad para aceptar el amor de otros. Para ellos no es fácil confiar en los demás porque sus corazones aún siguen heridos; y a resultado de eso, su habilidad para confiar en otros ha sido manchada por las heridas emocionales que la relación anterior les dejó.

Ten claro que personas abusadas normalmente son atormentadas por las memorias del pasado, dice Kay Arthur, la autora del libro "Lord, Heal my Hurts" (*Señor, Sana mis Dolores*):

> *"Algunas personas han sido tan abusadas sexual, física y emocionalmente, que son atormentadas por las malas memorias que han quedado de ese*

abuso; molestadas por cualquier cosa que te hace recordar el abuso por cual pasaste. El horror del pasado, la inhabilidad de hacerle frente y los sentimientos de baja estima los tritura y los incapacita para salir adelante. Ellos se la pasan pensando en "si yo hubiese sabido." Si yo hubiese sabido nunca me hubiera casado con él, o con ella; si yo hubiese sabido nunca hubiese permitido eso; si yo hubiese sabido yo hubiese actuado diferente, si yo hubiese sabido, si yo hubiese sabido."[b]

Tengamos en cuenta que, si nos comprometemos y aceptamos tener una relación con personas lastimadas emocionalmente, debemos tener paciencia y ayudarlas hasta que sus problemas se corrijan. Unirnos a ellas es un riesgo muy grande. Tienes que llenarte de paciencia porque con paciencia se ganan todas las victorias. Vale la pena luchar por el amor de una persona que tiene virtudes para convertirse en tu pareja de por vida. Por supuesto eso nunca lo sabremos hasta tanto no nos unamos a ella. Lo peor que una persona que tuvo un pasado desastroso puede hacer es que descargue su desdicha en su nueva pareja.

Como dije anteriormente, tal persona, para curarse completamente tiene que empezar perdonando a su opresor y olvidando su amargo pasado para que su nueva relación llegue a ser más saludable; si esto no se logra, su nueva relación será en toda su totalidad un verdadero desastre. Una similitud de lo que padecen esas persona es lo que dice la Biblia en Isaías 1:5-6, "*. . . Toda cabeza está enferma, y todo corazón doliente. Desde la planta del pie hasta la cabeza no hay en él cosa sana, sino herida, hinchazón y podrida llaga; no están curadas, ni vendadas, ni suavizadas con aceite.*"

Las heridas emocionales del pasado no se curan de la noche a la mañana. El curarse toma tiempo y trabajo. Un nuevo amor no las va a curar. La persona afectada tiene en sus manos la clave del triunfo—perdonar / olvidar; olvidar / perdonar. Otra buena definición de perdonar es: "*Sacar todo ese odio del corazón.*" Todos los fragmentos que aún están recogidos en ese herido corazón, tienen que dejar de vivir allí; y de eso es responsable la persona, quien ha sido herida emocionalmente. Por supuesto, con la ayuda del Señor, el periodo de curación dependerá en lo lastimado que esté tu corazón.

Tengamos también en cuenta, que cuando una persona ha sido emocionalmente herida, normalmente esta persona ansía amor, compañerismo e intimidad. En muchos casos son ellos los que buscan una relación más rápido. En vez de curarse del pasado, ellos buscan reemplazar la pérdida de su pareja; y por temor a sentirse solos, cometen el error de unirse a otros; y posiblemente, es por eso que fracasan. Es un riesgo estar con alguien quien tiene un pasado triste y doloroso. Para que una relación marche bien tiene que haber un respeto mutuo entre la pareja, haber compresión, y definitivamente las líneas de la comunicación tienen que estar completamente abiertas. Si ella está dolida, eso indica que ella no está completamente preparada para "*enredarse*" con otro, y viceversa. Su decisión de buscar una pareja en tiempo de dolor es porque extraña los brazos de un hombre que la ame, y viceversa.

Siempre busca la dirección y la ayuda de Dios en oración antes de unirte a otra pareja. Recuerda que tú no estás sola, que Dios siempre está contigo; y a su debido tiempo, y una vez curada tus emociones, tu podrás amar y aceptar un nuevo amor. La Biblia recomienda que, "*Echando toda vuestra ansiedad (preocupaciones) sobre Él (Dios) porque Él tiene cuidado de vosotros*" (1 Pedro 5:7).

Tratar de cambiar a alguien es un error que todos cometemos. Ninguno de nosotros tenemos el poder de poder cambiar a otro. Somos nosotros mismos los que tenemos que iniciar ese cambio, y todo empieza en disponernos a cambiar para despojarnos del viejo hombre (mujer). Desear cambiar es una preferencia individual, no un mandato u obligación impuesto por un ser humano a otro. La Biblia misma nos enseña que nosotros mismos tenemos que hacer ese cambio y renovarnos, "*En cuanto a la pasada manera de vivir, despojaos del viejo hombre, que está viciado conforme a los deseos engañosos, y renovaos en el espíritu de nuestra mente, y vestíos del nuevo hombre, creado según Dios en la justicia y santidad de la verdad*" (Efesios 4:22-24).

Cambiar pudiera tomarse un buen tiempo, pero recuerda no es el tiempo que te hace cambiar, es lo que hagas en ese periodo. El tiempo pudiera ayudar a que la herida se cure, pero la aflicción sólo se va cuando nos decidimos a perdonar; y en contraste, al perdonar a tu opresor, estas cambiando tu odio por paz. Como decimos antes, la clave del perdonar es: "*Olvidar y no recordar el pasado.*" Si no sigues este principio, nunca serás feliz pues estas negándote a ti mismo (a) la cura que necesitas para sanarte por dentro. Perdonar cura tu mente y restaura tu corazón; y lo que es mejor, agradas a nuestro Señor y Salvador: Jesucristo.

Un paso gigantesco dio Ruthie cuando perdonó a su mama, pero le ha costado perdonar a otros. Una parte de su corazón se ha curado, pero aun hay otras cosas que amargan su vida. El perdonar y olvidar la sanarán por completo. Donna perdonó, y el Señor la restauró. Ruthie debería de hacer lo mismo. La familia completa ha intentado borrar el pasado con un "*te perdono.*" "*Ya yo perdoné a Juan,*" dice Adamaris, quien reconoce que "Si Dios perdonó al mundo aun cuando éramos pecadores, ¿quiénes somos nosotros para no perdonar?" Ella ha seguido este principio bíblico y se siente mejor consigo misma.

A Dulce Maria le ha pasado igual. "*La mala experiencia que pasé con mi padre, sólo me lo imagino; pero lo de Juan lo vivo todo las noches. El dolor lo vivo todos los días, pero es algo que ya no me afecta tanto, gracias a Dios. Lo recuerdo como algo amargo que viví en carne* propia. *La "llaga" sigue en mi, pero no duele tanto como antes. Mi Dios se ha encargado de restaurarme, me ha dado la fuerza para poder sobrepasar esa amargura. Yo también he perdonado, ya Dios hizo justicia, y ahora mi experiencia la usaré positivamente para ayudar a los demás."*

Son increíbles los golpes que nos da la vida, pero vivimos de la esperanza de que *"si perdonamos también Dios nos perdonará."* Así nuestra vida será mejor y estaremos obedeciendo a lo que la Biblia dice: *"Quítense de nosotros toda amargura, enojo, ira, gritería y maledicencia, y toda malicia. Antes sed benignos unos con otros, misericordiosos, perdonándoos unos a otros, como Dios también os perdonó a vosotros en Cristo"* (Efesios 4:31-32).

El Orgullo También Hace Daño

Si perdonar y reconciliar nos edifica, el orgullo nos destruye. El orgullo no le permite a mucha gente ser feliz. Las escrituras enseñan que el orgullo no es de Dios. El orgullo es pecado (Marcos 7:21-23—*"Porque de dentro, del corazón de los hombres, salen los malos pensamientos, los adulterios, las fornicaciones, los homicidios, los hurtos, las avaricias, las maldades, el engaño, la lascivia, la envidia, la maledicencia, la soberbia (Orgullo), la insensatez. Todas estas maldades, de dentro salen y contaminan al Hombre."* Es por eso que también dice: *"Porque el que se enaltece será humillado, y el que se humilla será enaltecido"* (Mateo 23:12).

La humildad trae salvación más el orgullo te la quita. Recuerda, fue por causa del orgullo que Dios condenó al Diablo: *"Tú que decías en tu corazón: Subiré al cielo; en lo alto, junto a las estrellas de Dios, levantaré mi trono, y en el monte del testimonio me sentaré, a los lados del Norte sobre las alturas de las nubes subiré, y seré semejante al Altísimo"* (Isaías 14:12-14). Obviamente, el orgullo y el Señor no van juntos, y si Dios condenó al Diablo y lo lanzó del cielo por soberbio, eso quiere decir que los orgullosos no tienen parte con Él: *"Jehová paga abundantemente al que procede con soberbia"* (Salmos 31:23).

Muchas son las citas bíblicas que nos dicen que el orgullo no está en el diccionario de Dios, entre ellas tenemos: *"Aborrezco el orgullo y la arrogancia, el mal camino y la boca perversa,"* dice el Señor (Proverbios 8:13). *"Porque todo lo que hay en el mundo, los deseos de la carne, los deseos de los ojos, y la vanagloria (orgullo) de la vida, no provienen del Padre, sino del mundo*" (1 Juan 2:16). *"El Señor mira al altivo y lo abate, y a todo orgulloso humilla"* (Job 40:11-12). El Señor nos aconseja que no miremos a los orgullosos (Salmos 40:4—*"Bienaventurado el Hombre que puso en Jehová su confianza, y no mira a los orgullosos"*). El Señor al orgulloso mira de lejos (Salmos 138:6—*"Porque Jehová es excelso, y atiende al humilde, más al altivo*

(orgulloso) mira de lejos.") Un corazón orgulloso es abominación a Dios, Jehová detesta a un corazón orgulloso y lo considera pecado (Proverbios 16:5—"**Abominación es a Jehová todo altivo de corazón**" y Proverbio 21:4—"**Altivez de ojos, y orgullo de corazón, y pensamientos de impíos, son pecado**"). **Dios resiste a los soberbios (orgullosos) y da gracia a los humildes** (Santiago 4:6). Si la Biblia lo condena, entonces, todo debemos de condenarlo y no practicarlo. Un enemigo de la felicidad es el ser orgulloso. El orgullo le cierra las puertas al verdadero amigo—El perdón—Perdona para ser feliz; ama para complementar la felicidad; y no seas orgulloso para que te sientas libre.

Capítulo 12

Acerca del Sufrir y sus Beneficios

Como ya lo hemos mencionado antes en la Introducción de este libro, por definición, sufrir es experimental un daño o perjuicio, padecer, aguantar. Sufrir sólo trae consigo dolor, maldad e injusticia; y muchas veces no tenemos control sobre él; pero, misteriosamente y aunque no lo creas, hay grandes beneficios en el sufrir; tal es el caso de un hombre llamado Job. Nunca pudiéramos hablar de sufrimientos sin incluir la historia bíblica de este personaje que nos sirve de ejemplo para pensar que después de la tormenta viene la paz, que después de la aflicción, Dios nos da *"gloria en lugar de ceniza, óleo (perfume) de gozo en lugar de luto, manto de alegría en lugar del espíritu quebrantado"* (Isaías 61:1-3). Se cumplió en Job lo que la Biblia dice de que *". . . su enojo dura un momento, pero su buena voluntad, toda la vida. Si lloramos por la noche, por la mañana tendremos alegría"* (Salmos 30:5).

La historia de Job es una de las más conocidas en el mundo. Cuenta la historia que *"Job era un hombre perfecto, y recto, temeroso de Dios y apartado del mal"* (Job 1:1). *"No había otro como él en la tierra,"* en aquellos tiempos (Job 1:8). Era un hombre muy rico y su fortuna era inmensa. Este buen hombre de repente sufrió una perdida completa de su fortuna, de sus propiedades y de sus hijos. Su cuerpo fue afligido y su alma oprimida. Pero a pesar de esas pérdidas y aflicciones, Job no se quejó contra Dios; al contrario, sufrió con paciencia y nos dejó una expresión que todos deberíamos de seguir en tiempo de pérdidas y sufrimientos: *"Desnudo salí del vientre de mi madre, y desnudo volveré allá. Jehová dio, y Jehová quitó; sea el nombre de Jehová bendito"* (Job 1:21).

Esta expresión nos sirve para motivarnos y confiar en Dios, incluso cuando lo hemos perdido todo. Job no entendió la razón de sus aflicciones; y aunque, maldijo el día de su nacimiento y rogó que la muerte le diera punto final a sus sufrimientos, este hombre de Dios nunca se quejó o criticó a Dios; y nunca hizo o dijo cosas que le faltaran el respeto a su creador.

Job puso toda su confianza en Dios. Era tan grande su confianza en Dios que él creyó que *"aun del polvo de la tierra Dios lo levantaría;"* y en todo bendijo y adoró a Dios: *"Desnudo vine del vientre de mi madre, y desnudo volveré allá, Jehová dio y Jehová quitó; sea el nombre de Jehová bendito"* (Job 1:21). El sufrimiento nunca debería de desanimarnos por completo. De modo que deleitémonos en el sufrimiento; gocémonos en las debilidades como la Biblia lo dice: *"Por lo cual, por amor a Cristo me gozo en las debilidades"* (2 Corintios 12: 10). Todo lo que Dios nos da es bueno, incluso el sufrir. ¿O es que *"solo debemos de aceptar las cosas buenas de Dios y no aceptar las malas,* como lo dijo Job?" (Job 2:10).

La lección que podemos aprender del sufrimiento de Job es que *"aun el justo puede y está propenso a sufrir,"* y que el sufrimiento es una prueba de la fidelidad que tenemos en Dios. El sufrir trae recompensas al final como le pasó a Job. Lo perdió todo, pero su perseverancia en medio del sufrimiento hizo que Dios le diera el doble de todo lo que tenía antes—Dios le doblegó sus propiedades, sus bienes y hasta la edad. Setenta años es lo que el ser humano esta supuesto a vivir, *"Los días de nuestra edad son setenta años"* (Salmos 90:12). El Señor le permitió a Job vivir 140 años, *"Después de esto vivió Job ciento cuarenta años"* (Job 42:16). El mantener la fe y perseverar hasta el fin es una demostración de la confianza que tenemos en Dios.

Lo que le pasó a Job no fue porque él hizo maldad delante de los ojos de Dios como lo creían sus amigos; o como muchos lo asegurarían. Recuerda que la Biblia dice que Job era un hombre perfecto y recto que temía a Dios y evitaba lo malo; pero aun así, Job fue probado de una manera que no se explica. El entendimiento humano nunca acepta la idea de que los inocentes también sufren. Como vemos, en cuestiones de corto tiempo, Job fue arruinado y sometido a un intenso sufrir sin causa alguna. Durante ese periodo de aflicciones él nunca negó a Dios, mantuvo su fe en el Altísimo; y aunque su historia empezó en tragedia ésta terminó en triunfo, *"Y bendijo Jehová el postrer estado de Job más que el primero"* (Job 42:12).

Job y muchos otros seres humanos que han sufridos en el pasado nos han dejado huellas históricas de lo que es sufrir; pero el mayor de los sufrimientos lo llevó Jesucristo, el Hijo de Dios. Su sufrir es incuestionable y de un significado enorme, *"Despreciado y desechado entre los hombres, varón de dolores . . . fue menospreciado . . . herido fue por nuestras rebeliones, molido por nuestros pecados . . . como cordero fue llevado al matadero . . . y no abrió su boca"* (Isaías 53:3-7). *"Mas Dios muestra su amor para con nosotros, en que siendo aún pecadores, Cristo murió por nosotros"* (Romanos 5:8). *"Porque también Cristo padeció una vez por los pecadores, el justo por los injustos, para llevarnos a Dios, siendo a la verdad muerto en la carne, pero vivificado en espíritu"* (1 Pedro 3:18).

No es justo cuando el inocente sufre; pero Dios sabe porque pasan las cosas. Justos y no justos sufren, inocentes y no inocentes pasan por calamidades. El sufrir a todos nos cubre. Hasta el mismo Cristo sufrió, sus sufrimientos nadie los pueden negar.

Si tú pones toda tu confianza Dios, Él siempre usará nuestros problemas para sacar de ellos algo bueno para nosotros. Kay Arthur en su libro, *"Lord, Heal my Hurts"—"Señor, Sana mis Dolores,"* explica el beneficio que el sufrir trae; es irónico, porque en medio del sufrimiento existe mucho dolor, pero éste tiene su beneficio delante de Dios. Mrs. Arthur dice:

> *"El sufrimiento es uno de los primero medios que Dios usa para conformarnos a la imagen de su Hijo—Jesucristo—Así como Jesús sufrió, los hijos de Dios también sufriremos. Cuando yo sufro,* dice Kay, *siempre siento un alivio en saber que no estoy sola, y que mi sufrimiento tiene un propósito. Nosotros como cristiano sufrimos por el motivo de Dios, "Porque a nosotros os es concedido a causa de Cristo, no sólo que creáis en Él, sino también que padezcáis por Él"* (Filipenses 1:29). *El sufrimiento del presente, no se puede comparar con la gloria que será revelada a nosotros, "Pues tengo por cierto que las aflicciones del tiempo presente no son comparables con la gloria venidera que en nosotros ha de manifestarse"* (Romanos 8:18). *De modo que sufrimiento y gloria van juntos; no se puede tener uno sin el otro."* [c]

El Señor nos refina como refinan el oro y la plata. Es por eso que la Biblia dice que seremos probados como el oro y la plata. Cuando el proceso se completa, sales renovado. Los sufrimientos que pasas es como si Él te está puliendo; es como si Él te está perfeccionando. Dios te hace sufrir por un propósito con la idea de hacerte mejor siervo para que te acerques más a Él; y así llegar a convertirte en el cristiano fiel, y obediente que Él quiere que tú seas. Tu experiencia pudiera ayudar a muchos que están pasando por algo similar. Todo lo que tú has perdurado (aguantado) lo puedes usar como herramienta para darle esperanza a otras personas. Cuando otros escuchen tu testimonio (historia) tomaran fuerzas para seguir adelante. No pierdas tu confianza en Dios, aunque estés en medio de una tribulación muy grande.

Como decimos antes, sufrir trae gloria, trae victoria. Sufrir tiene grandes beneficios y uno de esos tantos beneficios es que te trae paciencia, la cual necesitas para ganar todas tus batallas, *"Y no sólo esto, sino que también nos gloriamos en las tribulaciones, sabiendo que la tribulación* (tribulación envuelve sufrimientos) *produce paciencia"* (Romanos 5:3).

Mi concejo para todos es, *"sé paciente durante tus tribulaciones."* Que el Dios que ha ayudado a muchos, también te ayudará. Hoy lees la historia de Ruthie, mañana pudieras leer la tuya. No ha sido fácil para ella mantenerse paciente en medio de tantas dificultades; pero la esperanza aún está presente, y el Señor ha prometido no dejarte ni abandonarte, *". . . porque Él dijo: No te desampararé, ni te dejaré"* (Hebreos 13:5). No es fácil ser paciente cuando se está sufriendo; pero peor es desesperarse y perder la calma. El desespero te pudiera llevar a tomar decisiones que en vez de ayudarte, complicarían aún más tu dolorosa situación. Recuerda: Con paciencia se ganan todas las batallas, se heredan todas las promesas, *"Pero deseamos que cada uno de vosotros muestre la misma solicitud hasta el fin, para plena certeza de la esperanza, a fin de que no os hagáis perezosos, sino imitadores de aquellos que por la fe y la paciencia heredan las promesas"* (Hebreos 6:11-12).

Sufrimientos también indica pruebas. Cuando la prueba termina, Dios está allí para felicitarte y decirte que lo hiciste muy bien. El diablo usa las tentaciones, pruebas y tribulaciones como armamento para que te separes de Dios; mas Dios las usa como herramientas para edificarte. Recuerda que las pruebas son todas temporales, no son permanentes, y no duran una eternidad. No importa el tiempo que duren, estas son crisis cortas que un día dejarán de ser. Aliéntate pensando que *"un día terminarán"* y confía que de todas ellas te librará el Señor, *"Muchas son las aflicciones del justo, pero de todas ellas le librará Jehová"* (Salmos 34:19). No importa que deprimente ellas sean; no importa lo mucho que estés sufriendo por causa de una mala relación; o problemas que tengas con tu pareja, amigos o hijos; no importa que te sientas *"pisoteada"* por la vida, recuerda: "De todas tus aflicciones te librará el Señor."

Cuando el justo clama el Señor lo liberta de todos sus problemas. El Señor está cerca de los quebrantados de corazón y salva a todos aquellos que están afligidos del espíritu, *"Los ojos de Jehová están sobre los justos, y atento sus oidos al clamor de ellos . . . Claman los justos, y Jehová oye, y los libra de todas sus angustias. Cercano esta Jehová de los quebrantados de corazón; y salva a los contritos de espíritu"* (Salmos 34:15-18). Confía en el Señor, el Señor te librará de *"todos"* tus problemas. Tú puedes estar seguro que tu liberación es inevitable y en medio del *"todo"* saldrás triunfante.

No es un misterio, que los cristianos que sirven a Dios en Espíritu y en verdad, como dice su palabra, pasarán por tiempos duros y dificultosos. Ellos serán literalmente hablando "probados como el fuego, refinados como el oro y la plata." Sufrir es algo que todos vamos a experimental en nuestras vidas, Veámoslo como algo normal. Todos hemos sufridos, estamos sufriendo o sufriremos algún día; muchos de nosotros conocemos a alguien, que está sufriendo, o que sufrirá. Sufrir muchas veces no se puede evitar. La manera como pasas estas pruebas, es una medida de tu fe. Para muchas personas de fe, sufrir, aunque sea muy devastador, es siempre una bendición. Muchos lo vemos como un plan de Dios para hacernos a la imagen de Jesucristo y edificarnos espiritualmente.

Yo creo en castigo y también en prueba. La Biblia es clara y dice que *"Dios al que ama castiga, como el padre al hijo a quien quiere"* (Proverbios 3:12). Él te castiga para disciplinarte y para que te acerques más a Él. También creo que una manera de distinguir una prueba de un castigo es examinando nuestro caminar con el Señor y estilo de vida que llevamos. Si estás viviendo en santidad y pasas por sufrimientos, eso es prueba; si no estás viviendo en santidad y sufres, posiblemente estas siendo castigado. Eso se puede deducir o ver con claridad cuando clamas al Señor, y sientes como si Él no te está escuchando. Ahora bien, cuando estás viviendo bien con el Señor y confías en Él, el Señor responde de acuerdo a su voluntad.

Nuestro mal comportamiento pudiera traer graves consecuencias. Estas consecuencias pudieran afectar tu cuerpo y también tu alma. Nosotros mismos somos los responsables por lo que nos pase cuando actuamos mal. En realidad, muchas cosas malas que nos pasan se pudieran evitar. Sufrimos por culpa del pecado que cometemos. Sufrir por portarnos mal es la consecuencia de vivir una vida pecaminosa; tal es el caso del criminal que sufre porque lo encarcelaron; el drogadicto que por culpa del vicio de la droga se toma una sobredosis; o el alcohólico que sufre del hígado por pasarse años *"empinando el codo."* La purita verdad es que nadie te puso en la cárcel, te pusiste tú; nadie te dio la sobredosis, te la tomaste tú; y nadie te convirtió en alcohólico, el que se tomó el alcohol fuiste tú. La realidad es una: Muchas cosas nos pasan porque nos las buscamos.

Los sufrimientos que a menudo experimentamos pudieran pasar desapercibidos en nuestras vidas porque una vez que nos acostumbramos a ellos, empezamos a verlos como normal. Ellos, lenta y delicadamente comienzan a darle forma al mundo alrededor de nosotros. Nosotros raramente vemos la manera como nuestras vidas están siendo afectadas hasta que los sufrimientos se convierten en crisis proporcionales, y cuando nosotros realmente reconocemos el daño que ellos nos han causado. Veas como lo veas, yo creo que, desde el punto de vista del Señor, el sufrir se convierte en una fuente de dicha para tu vida. Muchas veces Dios permite que suframos para luego darte ese precioso beneficio—la dicha.

¿Está Dios en Nuestros Sufrimientos?

Creas o no lo creas, *"Dios siempre está presente en todos tus sufrimientos, dolores y aflicciones."* Él cuidadosamente te ha observado para que ellos no te lleven a una destrucción total. Él no te ha dejado, ni siquiera por un instante; sólo te ha preparado para algo mejor. Todos debemos de ver cada aflicción pasada, presente o futura como un proceso que Dios usa para refinarnos y hacernos más a la imagen de Jesús. Él consuela a los afligidos y promete liberarlos. En el libro de Isaías Dios nos dice que Cristo fue enviado para consolar a aquellos quienes están afligidos—*"El Espíritu de Jehová el Señor está sobre mí, porque me ungió Jehová; me ha enviado a predicar buenas nuevas a los abatidos, a vendar a los quebrantados de corazón, a publicar libertad a los cautivos, y a los presos apertura de la cárcel; a proclamar el año de la buena voluntad de Jehová, y el día de venganza del Dios nuestro; a consolar a todos los enlutados (Afligidos)"* (Isaías 61:1-2).

La pregunta es: ¿Cómo respondes tú a este sufrimiento? ¿Permitirás que te pongan amargada; o que te hagan más fuerte cada vez que uno de ellos llegue? Porque vendrán muchos más. Los sufrimientos no cesan para el cristiano, y mucho menos para el mundano. En los primeros capítulos ya dijimos que el sufrir no te pide permiso y mucho menos quiere ser tu amigo. Cada aflicción en tu vida es una prueba de tu fe porque en cada dificultad que padeces tienes que tomar la decisión de "si debes confiar o no en Dios." Tu decisión debería de ser la misma desde el principio hasta el final: "*En ti confió, oh Dios.*" No importa lo que pase, deberías de confiar en Dios. Aunque muchas veces no entendemos las razones porque pasan las cosas; especialmente cuando pierdes a un ser querido, confiar completamente que el Señor cambiará la situación a tu favor. Dios transformará las cenizas en belleza. Dios puede hacer "*algo*" de la nada. Sólo tenemos que tomar una decisión personal: Confiar y creer que Dios está en control de la situación. Si tenemos preocupación es porque no estamos confiando en Él.

Dios está siempre presente con nosotros en medio de nuestras aflicciones. Creas o no lo creas, todo cristiano está llamado a sufrir; bien sea sufrimiento físico, tribulaciones, persecuciones, acusaciones, reproches. Muchos han muerto esperando una respuesta positiva del Señor, y ésta nunca ha llegado. Cuando esos casos tan extremos llegan, muchos no podemos darle una explicación al sufrimiento. No es extraño para un cristiano sufrir. La Biblia está llena de historias de hombres y mujeres que sufrieron muchísimo, pero aun así nunca perdieron su fe y esperanza. Como ejemplos tenemos al apóstol Pablo, Job, Sansón, el Apóstol Santiago, y hasta el mismo Jesús. Lo bueno de todo esto es que "el sufrir por las cosas de Dios tiene una recompensa muy grande la cual incluye tu salvación. Salvación que no te la puede dar nadie, solamente el Señor Jesús.

Al comienzo cuando sufres, no te das de cuenta que Dios está contigo, porque pareciera que todo te sale mal. Muchas veces piensas que el Señor te ha dado la espalda, porque levantas oraciones tras oraciones al cielo, y no hayas repuestas; pero pasas la prueba y la recompensa es inmensa. Muchas veces pensamos que el sufrimiento nunca se va a acabar, o que vamos a sufrir toda una vida porque pareciera que el sufrir nunca se cansa de acosarnos, pero a medida que pasas las pruebas, te sentirás más fuerte.

Sufrir es parte de nuestras vidas y debemos aceptarlo como algo natural. Son muchas las personas que sufren, algunas más que otras; de modo que el sufrir siempre existirá mientras estemos vivos. El sufrir tiene un propósito oculto y misterioso que muchos no lo entendemos; quiero que sepas que Dios usa el sufrimiento para enseñarnos algo. Necesitamos aprender como tratar con este misterio en nuestras vidas.

El autor del libro "*When Suffering Persist*" (*Cuando el Sufrimiento Persiste*)—Frederick W. Schmidt—dice que: "*Es en el momento del sufrimiento que descubrimos que tan distorsionadas están nuestras vidas."*[d] Agrega Frederick que: "*El sufrimiento tiene un carácter autobiográfico irreducible que no puede ser descuidado.*"[e] ¿Cómo se explica eso? En el sufrir o en tiempo de crisis, es cuando mas nos acercamos a Dios. Nos ponemos más sensibles a las cosas espirituales, y eso nos permite que Dios trate más de cerca con nosotros. Recuerda que un corazón humilde agrada a Dios. Cuando tu espíritu está quebrantado, afligido o humillado, es cuando descubres quien en verdad tú eres y lo mucho que nuestro ser interior (Tu alma) necesita a Dios. Así podrás decir como el rey David cuando en medio de aflicciones y con lágrimas en sus ojos dijo: "*Como el ciervo brama por las corrientes de las aguas, así clama por ti, oh Dios, el alma mía. Mi alma tiene sed de Dios, del Dios vivo . . .*" (Salmos 42:1-2). Cuando sientes esa necesidad, nos damos de cuenta que nuestro carácter interior anhela cambiar y tu alma empieza a sentir sed por las cosas espirituales; y ese cambio interior se reflejará en tu persona y lo verán los demás. Sufrir te transforma porque te edifica espiritualmente y te acerca más a Dios. A todos nos va a tocar sufrir en cualquier momento de nuestra vida. Todos los seres humanos deberíamos de aceptar eso como algo normal.

Dolor y lucha están asociados con el sufrimiento. Sentimiento no tiene un propósito redentor, no va a mejorar tu vida y hacerla mejor; pero tiene un propósito, que muchas veces no lo sabemos hasta que el periodo de sufrir ha pasado. En ese momento es cuando decimos "Ah, ahora entiendo porque pasaron estas cosas." Ten claro que el enemigo usa la aflicción (Como lo hizo con Job) como arma para separarte de Dios; pero el Señor usa la aflicción (el sufrir) como herramienta para edificarte. Recuerda también que: "*Es en momentos de crisis cuando más nos acercamos a Dios*;" y eso es precisamente lo que el Señor quiere: Que nos acerquemos más a Él.

Uno de los casos más conmovedores que he conocido es el de Joni Eareckson Tada. Ella no sabía si culpar a Dios o a ella misma por tanto momentos de sufrimientos que la vida le estaba dando. Un accidente de tránsito la dejó paralítica y la puso en una silla de ruedas por el resto de su vida. Su historia ha sido escuchada en muchos lugares del mundo en donde ha predicado. Hasta un libro y una película se hizo de esta triste historia. "*Dios está interesado en usar mi vida para avanzar su reino y Él lo ha hecho a través de mi incapacidad,*" expresa Jodi en una entrevista con la revista "Evangel," in Nov 28, 2010. "*Todos odiamos el sufrimiento y queremos extirparlo, evitarlo, darle una píldora (sedante), divorciarnos y sanarnos de él. Simplemente no nos gusta tratar con el sufrimiento; pero lamentablemente, sufrimiento es el libro de texto, el cual nos enseña quienes realmente somos,*" afirma Jodi.[f] El caso de Jodi demuestra claramente que en verdad, como decimos antes, el sufrimiento tiene un propósito para que el Señor se glorifique.

Pareciera mentira, pero la voluntad de Dios es que suframos; pero que no dejemos de confiar en Él, "*De manera que los que sufren según la voluntad de Dios, deben seguir haciendo el bien y poner sus almas en manos del Dios que los creó, pues Él es fiel"* (1Pedro 4:19). Los sufrimientos que padecemos Dios los conoce y nunca deberían de desanimarnos. Deberíamos de gozarnos en la esperanza y ser paciente en las aflicciones como dice en el libro de Romanos 12:12: *"gozosos en la esperanza; sufridos en la tribulación; constante en la oración."* Aunque suene extraño, todos deberíamos de regocijarnos en los sufrimientos y decir como dice el apóstol Pablo: *"Por lo cual, por amor a Cristo me gozo en las debilidades, en afrentas, en necesidades, en persecuciones, en angustias; porque cuando soy débil, entonces soy fuerte"* (Romanos 12:10).

Recuerda que lo que sufres ahora no se compara con lo que el Señor nos tiene preparado, *"Pues tengo por cierto que las aflicciones del tiempo presente no son comparables con la gloria venidera que en nosotros ha de manifestarse"* (Romanos 8:18). De modo que, apégate a la promesa de que *"He aquí tenemos por bienaventurados a los que sufren"* (Santiago 5:11).

Hay que estar preparado para lo que la vida ofrezca. Si es amor, bienvenido; si es paz que así sea; si es sufrir bienvenido y así sea. Hay que estar consciente que la vida está llena de muchas cosas; de que muchas cosas que existen tienen explicación y lógica; y otras no la tienen. Por ejemplo: Amor se puede explicar, y tiene sentido amarse y ayudarse el uno al otro; pero del sufrir no se puede decir lo mismo. Seas cristiano o inconverso, siempre sentirás en tu vida amor y sufrir. A todo ser humano el sufrir nos visitará algún día. Sólo espero que tus sufrimientos sean menos; y que en todo ellos halles las fuerzas para seguir amando al Señor, no importa las aflicciones o dificultades.

¿Está Dios contigo en las dificultades? Por supuesto que sí. La Biblia enseña que *"Dios no solamente da libertad a los que sufren, sino también que les habla en las aflicciones"* (Job 36:15). El Señor ha prometido que Él estará contigo en la angustia; es su promesa y Él lo que promete cumple a los que le aman; *"Por cuanto en mi ha puesto su amor, yo también lo libraré; lo pondré en alto, por cuanto ha conocido mi nombre. Me invocará, y yo le responderé; con él estaré yo en la angustia; lo libraré y le glorificaré. Lo saciaré de larga vida y le mostraré mi salvación"* (Salmos 91:14-16). Muchas veces Dios permite sufrimientos en nuestras vidas para hacernos crecer espiritualmente.

El sufrir es parte de la vida. Se toma sus propias atribuciones y a cualquier persona u hogar invade. No respeta raza, edades, ni nacionalidades; y mucho menos creencias o religiones. A diferencia del amor—el cual es un derecho humano, todo ser humano tiene derecho a amar—el sufrir nunca tendrá ese derecho. El amor tiene consigo muchos amigos, el sufrir te los aleja.

Abuso Físico y Violencia Domestica

La historia de Ruthie tiene una variedad de situaciones que pueden incomodar a muchos lectores entre ellas abuso sexual, traición y maltrato infantil. Abuso doméstico contribuyó también a que la vida de Ruthie fuera mucho más amarga. Violencia domestica no perdona a nadie. Gente rica o pobre, vieja o joven pueden verse afectadas por violencia en el hogar. Si el sufrir no pide permiso para entrar a tu vida, mucho menos la violencia. Una pequeña situación se puede empeorar producto a que hay poco comunicación entre parejas, madres e hijos, trabajadores y jefes. Violencia domestica puede pasarle a cualquiera y no discrimina a nadie. La mayoría de las personas afectada por este *"mal infernal"* son las mujeres. La pregunta que todos nos hacemos es: ¿Cómo lo evitamos o qué debemos de hacer cuando nos vemos envueltos en situaciones de este calibre?

El abuso doméstico siempre presenta a un agresor que no deja de molestar a su víctima. Muchos de ellos ya se han acostumbrado a actuar así. Y de cualquier manera hay que detenerlos o mandarlos a la cárcel si eso fuera necesario. Alguien tiene que detenerlos y ese *"alguien,"* eres tú. Este *"mal infernal"* empieza verbalmente hasta que se va escalando para convertirse en violencia física, afecta tus emociones y hasta la muerte te pudiera causar si no lo detienes a tiempo.

Cuando te quedas callada le estas dando la victoria a tu agresor. Muchas mujeres se aíslan de sus amigos y familiares para no mostrar las heridas que una agresión le ha dejado. Las constantes agresiones les quitan su confianza en sí mismas y les pone la estima personal muy baja. Las hace sentir que no valen nada. Y eso es precisamente lo que el agresor desea para seguir usando su control sobre ellas. Cuando llegas a ese estado emocional podemos decir que estas en una situación crítica. Tu situación es un caso *"clínico."* Y obviamente nos preguntamos de nuevo: ¿Por qué las mujeres toleran abuso doméstico?

Abuso doméstico no es algo que pasa de la noche a la mañana. No es algo que sigue un proceso metamorfosis como cuando un escalofriante gusano se transforma en una bella mariposa. El abuso doméstico es un proceso que va de mal en peor y cada día las cosa se ponen más feas y humillantes para quien lo sufre. La persona siendo abusada comete el error en pensar que su hombre le reclama, o abusa de ella porque la ama. ¡Que ignorante es tal persona si en verdad lo piensa así! "*Él me quiere para él solito y por eso es que se porta de esa manera,*" dicen equivocadamente algunas mujeres cuando pasan por una situación de abuso. Muchas mujeres confunden esta irracional obsesión por amor. Cuando el abuso verbal se convierte en emocional o físico, muchas veces la persona se queda pasmada y no puede creer que el hombre que la ama, le haya pegado. Es en ese momento cuando muchas mujeres empiezan a buscar la culpa en ellas mismas no cayendo en la purita realidad de que su hombre es violento, que necesita ayuda o que hay que denunciarlo.

"*¿Qué hice de malo? ¿Qué tengo que hacer para que me ames de nuevo?*", le preguntan algunas mujeres a sus agresores. El agresor normalmente dice: "*Lo siento, no fue mi intención hacerlo, no pasará otra vez;*" o trata de hacerla sentir como si la culpa fuera de ella y le dice: "*Es tu falta, tú me hiciste hacerlo.*" Muchas mujeres pueden ser engañadas por la astucia de su pareja y desde ese día empiezan a "*comportarse derechitas*" como si caminaran en una cuerda floja, en una barra de gimnasia, o en cáscaras de huevos, porque desean ser amada de nuevo y piensan que "*quedándose quietecitas*" van a lograr que su agresor las trate mejor. ¡Que equivocadas están!

En la mayoría de los casos cuando este abuso sucede, la victima nunca denuncia a su agresor sabiendo que la ley la apoya; tampoco busca ayuda inmediata por temor a que le hagan daño. Toda mujer debe saber que la ley la protege, que la ley está de su lado aún más cuando hay niños envueltos en la relación. La ley te puede proveer asistencia y hasta pudieras conseguir una orden de protección para que el abusador ni siguiera se acerque a ti. Muchas mujeres quienes han sido lastimada física y emocionalmente nunca buscan ayuda, quizás sea, porque sicológicamente se sienten que ellas son las culpables; o a lo mejor porque sienten que su estima personal está por el piso, se sienten feas, abandonadas y desahuciadas de la vida.

Se cree que una de cada tres mujeres sufre abuso doméstico (físico, sexual o verbal) en América al menos una vez en su vida.[1] El oscuro lado de la realidad es que muchas no denuncian a los agresores. Muchas de estas cosas pasan sin que la comunidad se entere y sin que sus familiares se informen. Muchas de estas cosas pasan a puertas cerradas. Algunas mujeres tratan de escapar de esos abusos violentos; y muchas lo logran, pero otras no tienen la misma suerte y sufren por mucho tiempo hasta que ellas mismas toman la decisión de decir: "*Ya basta, esto se acabó.*"

Muchas mujeres piensan que su situación no tiene salida y hasta creen que si consultan al sistema legal nadie las va a escuchar o a ofrecerle ayuda; así se sienten muchas. En este ciclo de abuso pasan por años hasta que deciden escaparse, bien sea alejándose de sus agresores o denunciándolos. Muchas piensan que no tienen lugar para escaparse y la única opción que se les viene a la mente es soportar lo que su agresor le exige. Muchas de ellas viven un matrimonio abusivo. Mujer a ti te tengo un mensaje de Fe y de confianza: "*La ley está allí para protegerte; de modo que, no permitas que la mente te traicione; o que el agresor se apodere de tu voluntad, y se salga con las suyas.*"

Unos de los libros que más habla de abuso doméstico es el que escribieron Catherine Clark Kroeger & Nancy Neson—"*No place for Abuse*" (*No hay lugar para el Abuso*). Ellas aseguran que: "*El abuso doméstico es la causa principal de lesiones y muerte de mujeres en el mundo.*" Es lo que en el sistema legal llamamos VD, abreviación que significa "*Violencia Domestica.*" Ellas continúan diciendo que: "*Una de cada 5 mujeres en el mundo entero es abusada física y sexualmente al menos una vez en su periodo de vida. En muchos casos, Violencia Domestica causa más muerte e incapacidad en mujeres que el mismo cáncer, enfermedades malarias, accidentes de tránsito o una guerra entre paises.*"[g]

Violencia Domestica no es nada nuevo, es probablemente uno de esos temas que ha sido oculto por muchos años. Las mujeres sobretodo lo han sufrido con "*bocas calladas.*" Las cosas que pasan en el hogar por tradición no se comentan, son cosas del hogar y punto. Pero recientemente las voces de mujeres sufridas se están escuchando, las voces de mujeres en el mundo empiezan a resonar como "*cohete que va al espacio.*" Rápido y fuerte—Nuevas leyes han sido implementadas para proteger a las mujeres; bueno, a los hombres también (los hombres también son víctimas de violencia domestica aunque en escalas mucho más pequeñas.)

Toda mujer debe saber que la ley sirve de nada si no se castiga el crimen, pero las autoridades deben de estar informadas para poder proceder—"*el que no oye, es como el que no ve.*" Todo se queda en lo oculto si no se comenta; es por eso que toda persona que esté pasando por este tipo de problema, debería de denunciarlo a las autoridades. Lo recomendable seria hallarle una solución en el hogar; pero si ya en el hogar no hay solución, no te sientas intimidada por el poder de superioridad de tu pareja. Si la violencia se ha escalado y el "*azote*" continúa, las leyes tienen que saberlo. No esperes que sea demasiado tarde. Retrasarte pudiera hacer que tú pases de vida a muerte. Este es un problema que nunca debería de ser ignorado. En el caso de Ruthie, podemos ver a través de la historia que ella nunca se apegó a las autoridades legales para castigar a sus victimarios (verdugos es el nombre que mejor los identifica); como el sádico Carlos Justino, el maltratador "Papo," y el perverso Juan.

Violencia Domestica existe aún en el mundo cristiano. Esto es un reto para los líderes de la iglesia. El problema tiene que considerarse y tratarse inmediatamente. Todos nos merecemos vivir en un ambiente libre de violencia en nuestros hogares, y los hogares cristianos no son la excepción. Abuso ocurre en todos los grupos religiosos de nuestra comunidad global. Violencia domestica no respeta fronteras y no se limita aunque creas en Dios. Violencia contra las mujeres es una realidad. Esto ocurre en cada país del mundo; en todas culturas y en todo tipo de familias. El hecho de que no se comente mucho, eso no quiere decir que no existe, la realidad es que existe, y en gran escala. Pero gracias a Dios, las voces de las sufridas se empiezan a escuchar; gracias a Dios, el sufrimiento de los que sufren ha resonado el oído de las leyes para proceder y castigar a aquellos responsables por causarle dolor a los que sufren.

Violencia Domestica contra cualquier ser humano es totalmente inaceptable y en un ambiente cristiano nunca debería de permitirse. Toda cultura cristiana debería de condenar este mal comportamiento de los abusadores, sea hombre o sea mujer. La palabra de Dios nos dice y nos enseña que debemos amar a nuestro prójimo como a uno mismo, mucho más a nuestra pareja; recuerda: *"Por tanto, dejará el hombre a su padre y a su madre, y se unirá a su mujer, y serán una sola carne"* (Génesis 2:24). Al unirte a tu mujer, te conviertes en una sola carne con ella. ¿Golpearías tú a tu propia cara? ¿Dañarías cualquier parte de tu cuerpo con tus manos u otro objeto? Sería ridículo pensar que tú mismo te harías daño; por tal motivo nunca deberías de golpear a tu pareja. La Biblia enseña que: *"Maridos, amad a vuestras mujeres, así como Cristo amó a la iglesia, y se entregó así mismo por ella . . . Así también los maridos deben amar a sus mujeres como a sus mismos cuerpos. El que ama a su mujer, así mismo se ama. Porque nadie aborreció jamás a su propio carne, sino que la sustenta y la cuida, como también Cristo a la iglesia"* (Efesios 5: 25, 28,29).

La Biblia dice que: *"Aquellos que oprimen a otros (los que nos persiguen y usan violencia) están fuera de la ley (o de sus enseñanzas)"* (Salmos 119:150). Castigo puede venirle al opresor por causa de la violencia. Cuando Dios destruyó la civilización de Noé, enviándole el diluvio, fue porque había mucha violencia en la tierra; seres humanos contra seres humanos se estaban matando, ese evento nos indica que Dios odia y castiga la violencia: *"Dijo, pues, Dios a Noé: He decidido el fin de todo ser, porque la tierra está llena de violencia a causa de ellos; y he aquí que yo los destruiré y a toda la tierra"* (Génesis 6:13).

Veamos que más nos dice la Biblia acerca de la violencia. Leamos que nos dicen los grandes profetas del Antiguo Testamento:

Ezequiel dice: *"La violencia aparece y produce maldad;"* y en otra versión dice: *"La violencia se ha levantado en vara de maldad"* (Ezequiel 7:11).

Sofonías afirma que los que usan violencia y engaño serán castigados: *"También castigaré en aquel dia a los que saltan sobre los umbrales, y a los que llenan de violencia y engaños la casa de sus amos"* (Sofonías 1:9). David en los Salmos certifica que el Señor odia con toda su alma a los que aman la violencia: *"El Señor vigila a justos y a malvados, y odia con toda su alma a los que aman la violencia"* (Salmos 11:5). El rey Salomón, hijo de David, nos da un poco más de detalles acerca de la violencia, y nos dice que la violencia resulta en muerte: *"La justicia da vida, la violencia la quita"* (Proverbios 11:30).

Tenemos que entender que si el Señor lo ve malo, lo castiga y lo odia; agregándole a todo esto que la violencia trae muerte, cristianos y no cristianos deberían de apartarse de ella. Debemos de evitar a toda costa agredir a alguien en el hogar. No solamente deberíamos de evitar agredir a nuestras parejas, también todo esfuerzo debe intentarse en no usar violencia en contra de nuestros hijos. Lo que ellos ven en el hogar pudiera afectar sus mentes y traer como consecuencias un cambio de actitud agresiva en contra de otros a medida que van creciendo.

Si en verdad amas al Señor, tu deber como cristiano es vivir una vida pacifica en el hogar y fuera de él. Recuerda siempre: *"La justicia da vida, la violencia la quita."* En Salmos 140:11 dice que: *"Los hombres violentos son malditos, una maldición de desastre los perseguirá."* El Señor nos exige que tratemos a nuestras parejas con consideración y respeto: *"Vosotros, maridos, igualmente, vivir con ellas (las esposas) sabiamente, dando honor a la mujer como un vaso más frágil, y como a coherederas de la gracia de la vida, para que nuestras oraciones no tengan estorbo"* (1 Pedro 3:7). En Colosenses 3:19, Pablo habla con firmeza: *"Maridos, amad a vuestras mujeres y no seáis ásperos con ellas."* También la Iglesia de Efesios recibió exhortación en este tema: *"Así también los maridos deben amar a sus mujeres como a sus mismos cuerpos. El que ama a su mujer, así mismo se ama"* (Efesios 5:28).

Dios es justo y defiende a los oprimidos y sufridos. Su justicia es divina, El nunca pasará por alto la violencia de nuestros opresores. A los oprimidos Dios les traerá justicia; pero a los opresores le hará justicia. Sus promesas no se las lleva el aire; de modo que, a tu opresor le llegará su tiempo de juicio. No te ensucies tus manos tratando de hacer justicia, deja todo en las manos del Señor, *"No os venguéis vosotros mismos, amados mios, sino dejad lugar a la ira de Dios; porque escrito está: Mia es la venganza, yo pagaré, dice el Señor"* (Romanos 12:19). Tu consuelo está en Salmos 103:6 que dice: *"El Señor juzga con verdadera justicia a los que sufren violencia. A los malvados los destruirá se propia violencia, por no haber querido practicar la justicia"* (Proverbio 21:7). Jehová nos recuerda que *"practiquemos la rectitud y la justicia"* (Proverbios 21:3).

Debemos de siempre orar y pedir a Dios que nos proteja de aquellos que son violentos. David lo hacía, nosotros deberías de también hacerlo, *"Señor, librame de los malvados; protégeme de los violentos, de los que traman el mal y a todas horas provocan peleas"* (Salmos 140:1-2).

La Biblia prohíbe (condena) violencia física y abuso verbal y te aconseja que no te quedes callada; o como decimos comúnmente: *"No mueras callada."* Todo lo que se oculta se sabrá algún día, *"Porque no hay nada oculto que no haya de ser manifestado; ni escondido, que no haya de ser conocido, y de salir a la luz"* (Lucas 8:17). Catherine y Nancy en su libro *"No place for Abuse"* (*No hay lugar para el Abuso*) dicen que, *"mucha veces el abuso físico empieza como una represalia verbal donde el opresor usa palabras ofensivas y te llama por todo tipo de nombres vulgares. Otras veces sucede porque hay mucha tensión en la familia bien sea por que no hay trabajo, problemas financieros o la mujer está embarazada."*[h]

Muchas veces una palabra hiere más que un golpe y si los abusos verbales continúan, mas luego se convertirán en maltratos y posiblemente en muerte. Es por eso que mientras lo puedes evitar, házlo; avísale a las leyes y refúgiate en Dios. *"Estudios indican que una tercera parte de las mujeres son maltratadas durante el embarazo. En la mayoria de los casos, el agresor las golpea en los senos o en el abdomen. Abuso durante el embarazo es el mayor causante de niños que nacen con defectos, antes del tiempo, o produce pérdidas del bebé."*[i]

En algunas situaciones, las mujeres toleran abusos violentos porque se sienten que están siendo castigadas por algún delito o mala acción que le hicieron a su marido. Si tú eres una de ellas, no deberías de sentirte culpable y tolerar ser abusada. No hay excusas o tolerancias para el abuso doméstico. Lo que deberías de hacer es: Aclarar con tu pareja cualquier mal entendido y buscar junto a ella la solución de lo que originó la agresividad.

Altamente se recomienda que el cristiano busque *"alivio"* en la palabra de Dios. Pasajes bíblicos que leerás a continuación te pudiera dar ese alivio que tanto necesitas en tiempos de agresión:

> *"En mi angustia llamé al Señor, y Él me escuchó y me dio libertad, Jehová está conmigo, no temeré lo que me pueda hacer el hombre"* (Salmos 118: 5-6). *"Líbrame de mis enemigos, oh Jehová; en ti me refugio. Enséñame a hacer tu voluntad porque tú eres mi Dios; tu buen Espíritu me guie a tierra de rectitud. Por tu nombre, oh Jehová, me vivificarás; por tu Justicia sacarás mi alma de angustia"* (Salmos 143: 9-11).

Recuerda que el Señor está muy bien enterado de todo lo que te pasa: *"Los ojos de Jehová están sobre los justos, y atentos sus oidos al clamor de ellos. Claman los justos y Jehová oye, y los libra de todos sus angustias"* (Salmos 34: 15,17). *"Cercano esta Jehová a todos los que le invocan"* (Salmos 145: 18). Entrégale tus aflicciones a Dios. El Señor te mira bien de cerca y te sana tus heridas: *"Él sana a los quebrantados de corazón, y venda sus heridas"* (Salmos 147: 3). Él te extiende la mano cuando caes y cuando estés oprimido: *"Sostiene Jehová a todos los que caen, y levanta a todos los oprimidos*" (Salmos 145: 14). Teniendo conocimiento de todo esto, entonces di como el Salmista: "*Señor oye mi voz; Estén atentos tus oidos a la voz de mi súplica*" (Salmos 130:2). Mi concejo es que clamemos al Señor en la angustia: Él te librará, te salvará y te sacará de todas tus aflicciones: "*Entonces clamaron a Jehová en su angustia y el los liberó de sus aflicciones*" (Salmos 107:6,13,19,28).

Carlos Justino y Papo ambos abusaron físicamente de Ruthie, ambos la golpearon repetidamente sin temor alguno. "*Los dos me dieron piñazos, los dos fueron unos desgraciados,*" dice Ruthie. El primer día que ellos actuaron con violencia, ése debió ser el último abuso que cometieran con ella. Debería de existir una formula para los que abusan: *Si abusas, corrige tu mal comportamiento; si no lo corriges, deberías de ir a la cárcel.* Si Ruthie hubiese actuado debidamente, estos dos malvados hubiesen sido reprendidos por la justicia para corregir su violento comportamiento; y quizás a la cárcel hubieran tenido que ir por abusadores. Carlos Justino fue el peor de los dos, por no solamente bofetearla varias veces; sino porque también abusó sexualmente de ella; y le imprimió heridas que dejaron huellas tanto en su alma como en su cuerpo. Ambos de estos abusadores eran candidatos para ir a la cárcel y pagar por sus atropellos (Como lo hizo Juan). A ambos se le debió hacer justicia, pero Ruthie se calló y no actuó como lo recomendable: *Busca ayuda, denuncia al opresor y llévalo a la cárcel.* Ruthie nunca los denunció y el abuso continuó. Toda mujer debe saber que la ley de nada sirve si no se castiga el crimen, pero hay que denunciarlo; y que callarse es convertirse en cómplice del abusador, o preparar un escenario que se pudiera convertir en muerte.

Concejos para los Niños

Salomón, el hombre considerado el más sabio del mundo dijo, refiriéndose a los niños: "*Instruye al niño en su camino, y aun cuando fuere viejo no se apartará de él*" (Proverbios 22: 6). Eso quiere decir en lenguaje simple y claro que desde pequeñito, desde que el niño empieza a dar sus primeros pasitos hay que corregirlo y guiarlo por caminos rectos y ". . . *criadlos en disciplina y amonestación del Señor*" (Efesios 6:4). Recuerda:

> "*Nosotros somos sus maestros. Con nosotros aprenden las primeras cosas y si no estamos allí para ellos, ¿Qué van a aprender? ¿Quién los va a enseñar? ¿Quién los va a preparar para el futuro? Absolutamente nadie, aprenderán solos, a la intemperie de que cometan muchos errores y a que tomen indebidas decisiones. Las primeras cosas se aprenden en el hogar. La edificación de sus vidas está en nuestras manos. Si no lo hacemos nosotros, otro lo hará y nos estaríamos arriesgando a que aprendan las malicias de la vida, que otros traten de guiarlos, o que caigan en adicción de vicios para cubrir su dolor. Nosotros somos responsables por los futuros padres, lideres del hogar, cabeza de familias.*"

¿Y que deben de hacer los niños en retorno como paga al esfuerzo de sus padres? La repuesta la encontramos en la carta del apóstol Pablo a los Efesios: "*Hijos, obedeced en el Señor a nuestros padres, porque esto es justo. Honra a tu padre y a tu madre, que es el primer mandamiento con promesa; para que te vaya bien, y seas de larga vida sobre la tierra*" (Efesios 6:1-3). La promesa del Señor es que Él te dará larga vida si honras a tus viejos. A los padres hay que respetarlos y obedecerles, "*la honra de los hijos son sus padres,*" (Proverbios 17:6) "*Hijos, obedeced a vuestros padres en todo, porque esto agrada al Señor*" (Colosenses 3:20). Los hijos deben dejarse guiar y mostrar prudencia cuando son corregidos: "*El necio menosprecia el concejo de su padre; mas el que guarda la corrección vendrá a ser prudente*" (Proverbios 15:5).

Generalmente en la vida nos vamos a tropezar con hijos sabios e hijos necios. ¿Cuál de los dos quieres ser tú? Recuerda: "*El hijo sabio alegra al padre; pero el hombre necio menosprecia a su madre*" (Proverbios 15:20).

Hay un bello pasaje bíblico que sirve de guía y de orientación a los hijos. "*Oye, hijo mío, la instrucción de tu padre, y no desprecies la dirección de tu madre*" (Proverbios 3:1); y también, "*Oid, hijo mío la enseñanza de un padre, y estad atentos, para que conozcas cordura*" (Proverbios 4:1). Mas de un cincuenta (50) por ciento de los niños nacidos en los Estados Unidos crecen sin la presencia de un padre en el hogar. Este número se agiganta cuando hablamos de algunos países de África, Centro y América Latina. Eso quiere decir que muchos niños se están criando sin el concejo, ni el calor de un padre. Cuando el padre no cumple con su responsabilidad, la mujer es la que toma las riendas del hogar. Muchas son las madres solteras que afrontan esa situación—criar niños sin padres—Esa situación la vivió Ruthie con sus tres hijos. Uno con su primer esposo, dos con su segundo marido. Su periodo de madre soltera empezó muy temprano. Un día se encontró viviendo sola con tres niños 4 años después que se convirtió en madre.

Padres que no mantienen un acercamiento con sus hijos están contribuyendo a la destrucción de sus vidas. Las estadísticas no mienten y son tan asombrosas que deberían de preocuparnos a todos—Nuestros niños nos necesitan—Un grito de auxilio clama constantemente en el corazón de cada niño, de cada adolecente. Kerry Dale Hancock Jr. considera que "*padres sin hijos*" es una epidemia mundial: "*Todos nosotros necesitamos a cada uno de nosotros, y cada uno de nosotros necesita a todos nosotros para darle un paro a esta epidemia mundial que envuelve a hijos sin padres.*" [2]

De acuerdo a Kerry:
- 63% de los suicidios en adolescentes vienen de hogares sin padre—(US Departamento of Health/Census
- 90% de hijos que se van de sus hogares vienen de hogares sin padres
- 85% de hijos que muestran un comportamiento desordenado vienen de hogares sin padres (Center for Disease Control)
- 80% of los violadores con problemas de furia (cólera) vienen de hogares sin padres—(Justice & Behavior, Vol 14, p. 403-26)
- 71% de los jóvenes que dejan la escuela secundaria vienen de hogares sin padres—(National Principals Association Report)
- 75% de los adolecentes que son pacientes en los centros para drogadictos vienen de hogares sin padres—(Rainbows for All God's Children)
- 70% de los jóvenes que están en instituciones del gobierno vienen de padres sin hijos—(U.S. Dept. of Justice, Sept. 1988)

- 85% de los jóvenes que están en cálceles y prisiones vienen de hogares sin padres—(Fulton Co. Georgia, Texas Dept. of Corrección)

Basado en estas estadísticas y lo preocupante que éstas nos hacen sentir, es importante que tomemos un momento para acercarnos a nuestros hijos y mejorar nuestra relación con ellos. Puedes empezar escribiéndole una carta o llamándolos; puedes llevarlos a cenar, puedes abrazarlos y decirles cuánto los amas; y lo que es mas importante, si tu eres un padre que no has hablado o visto a tus hijos por muchos años, recuerda que: *"Nunca es demasiado tarde para acercarte a ellos."*

Claramente, los padres representamos mucho más que un cheque para nuestros hijos; padres representamos seguridad, protección, guía, amistad, y alguien a quien nuestros hijos ven como ejemplo, afirma Kerry.

Muchas madres solteras lo dan todo, otras sólo dan lo que pueden a medida que la situación lo amerita. A pesar de las dificultadas que viven, muchas madres solteras luchan por sacar a sus niños hacia delante; sin embargo, los resultados de esa lucha no todo el tiempo traen victoria. En general el niño es el que sufre porque "aparentemente" siempre recibe "la mitad de lo que la vida ofrece." La mitad de los concejos, la mitad del cuidado, la mitad de su vida. Es una lástima que a muchos niños les pase eso; pero es la realidad, y no podemos negarla porque las estadísticas hablan por sí solas. Es por eso que la otra mitad de los concejos que ellos no reciben en el hogar tienen que aprenderlos de otras fuentes; especialmente, cuando a ellos les toque tener sus propios hijos. De modo que algunos concejos en este libro no caen mal. Ellos sirven para la edificación y madurez en la vida de un joven.

La presencia de un padre nunca se vio en la casa de Ruthie. Un padre que corrigiera, que instruyera y que le sirviera de modelo a sus hijos. Esos niños nunca sintieron el calor de un padre de modo que se descontrolaron un poco; se descarriaron desde muy joven como fue el caso de Dulce María—La segunda hija de Ruthie—Ella al igual que su hermano menor (Emilio) le dieron mucho dolores de cabeza a su mamá; y se revelaron en contra de ella desde muy temprana edad. Dulce María terminó en Puerto Rico después de pasarse un tiempo en Florida y Emilio hasta preso estuvo por mal comportamiento cuando apenas tenía 15 años. Se puede estipular que ambos se portaron mal con su mamá por falta de guía y atención paternal diaria. Un niño sin guía paternal es como el haber nacido ciego.

"La causa de mi rebeldía cuando joven creo que fue el no tener el concejo de mi padre y el alejarme de mi madre empeoró las cosas. Mami siempre se la pasaba trabajando incluso los días de semana. El tiempo que ella debió de estar en su casa para darnos concejos y calor,

el trabajo se lo consumió. En tiempos cuando yo deseaba ir al parque, al cine o ir a algún otro lugar acompañada de mi madre, ella se lo dedicaba al trabajo. Siempre dije que no culpo a mi mamá, tampoco a la vida, pero sí estoy internamente molesta por la situación que viví. No teniendo esa guía adicional en el hogar, o teniéndola muy poco; y en combinación con lo que estaba pasando en mi propio hogar ayudó a que me pusiera muy rebelde, y empecé a buscar atención en otros lugares. Empecé a salir más a menudo con amigas que también estaban un poco rebeldes en sus propios hogares. Empecé a fumar desde temprana edad, salir más a menudo con chicos y hasta probé "marihuana." En fin, me sentí desorientada por falta de cariño y sin el amor en casa. Me fui lejos, lejos de la presencia de mi madre, fuera del hogar, buscando amor de familia, amor que nunca encontré ni en amigo, amantes, ni aun en mi propio padre cuando me fui para Puerto Rico," llorosa se expresó Dulce María.

En unos de esas tantas discusiones con su mamá, Emilio expresó también su frustración en contra de ella por lo restricto que Ruthie fue con él cuando niño:

"Mami nunca me dejó ser niño. Cada vez que me compraba unos Zapatos yo no los disfrutaba. Si me metía con los zapatos blancos en una arena o quería jugar en la grama, me gritaba: "Salte de allí." Yo quería ser niño y ella siempre me lo impedía. Los gritos de ellas siempre me molestaron cuando niño, y aun ya grande me molestan más. Siempre me está gritando, no le importa que ya yo haya crecido y que sea todo un hombre. Por eso es que yo salí gritón. Muchas veces hasta ella misma me dice que por qué grito tanto cuando hablo, y mi respuesta para ella es, "eso lo aprendí de ti, fuiste tú quien me enseñó a gritar," cuenta Junito.

Ambos niños tuvieron la oportunidad de reconciliarse con su padre en Puerto Rico. Dulce María lo intentó y hasta se la llevó bien con su padre por un tiempo, pero la poca comunicación entre ellos dos los mantuvo a distancia. Junito al contrario, quería una relación con él más cercana, de padre a hijo, de hijo a padre, y hasta vivió en la casa de su papá por varios meses. Todo parecía que esta relación iba a funcionar; en verdad, funcionó sólo por poco tiempo. *"Me encantaba ir con pa' a las barras a "chutear pool" (Jugar billar); y muchas veces yo le ganaba,"* comenta Emilio. Dulce María invitaba a su padre a comer de vez en cuando a la casa de sus abuelos; y hasta se fueron un par de veces a varios parques recreativos tratando de desarrollar una unión familiar, ya que nunca la habían tenido. *"Me sentí por momentos acaparada por unos instantes con el cariño de mi padre,"* dice Dulce María; pero más adelante, *"las rosas se convirtieron en espinas."*

Sus corazones fueron heridos cuando su padre los trató como "*basura*;" de modo que, la relación con él se terminó; bueno, nunca la hubo, ni siquiera cuando niños mucho menos como adultos. ¡Pobres muchachos! Nunca han sabido lo que es un abrazo caluroso y el amor de su padre. Razón tiene Judith W. Julial cuando dijo que, "*los niños quienes sufren de divorcio hacen un esfuerzo muy grande por sentirse amados y seguros. Ellos son, en muchas ocasiones, el campo de batalla de la amargura de los adultos (de sus padres). Ellos se dan de cuenta cuando crecen que es muy difícil establecer relaciones largas una vez que llegan a ser adultos.*"[J]

Comentando acerca de los niños, Frederick W. Schmidt, Jr. el autor de "*When Suffering Persists*"—"*Cuando Sufrimiento Persiste*" dice: "*Es una realidad que, niños de padres divorciados muy probablemente terminarán en divorcio; lo mismos sucede con niños que son abusados. Ellos muy probablemente serán abusadores cuando se conviertan en adulto.*[K] *Esposos que son abusadores posiblemente fueron abusados de la misma manera cuando pequeños.*"[L]

Tremenda oportunidad tubo "Papo" de ganarse el amor de sus hijos. Él no la buscó, fueron ellos. Ambos niños (Ya adolescentes cuando se fueron a Puerto Rico) deseaban con todo su corazón construir una relación con el hombre que le dio la vida; pero que poco los vio crecer. "Papo" desperdició el chance de convertir el resentimiento de sus hijos en gozo; de transformar ese periodo de separación en algo constructivo; de convertirse en el padre que nunca fue. Quizás si hubiese valorado a sus hijos, se hubiese convertido en un verdadero héroe para ellos. Eso también fue sufrimiento para Dulci y Junito, quienes se criaron juntos, siempre hacían cosas juntas y decidieron "juntos" ganarse el amor de su papá. Pero su padre dejó pasar la oportunidad de darles a ellos esa alegría. Ellos no odian a su padre, sólo que "*es imposible buscar oro en una mina de azufre*;" y mucho menos, reclamarle amor a alguien que nunca lo dio y menos que lo sintió.

Todo niño debe de estar consciente de que la vida se hace cada vez más dura a medida en que van creciendo. Los juguetes de niños sólo nos sirven para despertar nuestra inocencia. Las cosas se van haciendo más reales cuando llegamos a la etapa de la adolescencia y así sucesivamente. A medida que nos afrentamos a esa nueva realidad; y cuando ya no te sientes como un niño empiezas a darte de cuente que el mundo ya no es el "*columpio*" del parque donde jugabas.

Concejos para los Padres

La Biblia no está llena de solamente concejos para los niños, también sirve de guía para los padres. Enfurecer o provocar a ira a nuestros hijos no es saludable y mucho menos recomendable. Colosenses 3:21 declara: "*Padres, no exasperéis (Enfurecer) a vuestros hijos, para que no se desalienten;*" y en Efesios 6:1 nos habla de tener mucho cuidado con hacerlos molestar: "*Y vosotros, padres, no provoquéis a ira a nuestros hijos, sino criadlo en disciplina y amonestación al Señor.*" Debemos cuidarlos, aconsejarlos, protegerlos y darle todo lo que necesiten para crecer. Todo padre o madre debe recordar que los hijos son herencias de Jehová: "*He aquí, herencia de Jehová son los hijos*" (Salmos 127:3).

Siempre se ha dicho que la "Historia se Repite." En muchas ocasiones esto es verdad, se puede decir que en Ruthie la historia se repitió porque el trato que ella recibió de sus padres lo depositó en sus hijos. También se puede decir que en ella la "historia se detuvo" cuando la vimos reflexionar al ver nacer a su nieto Armani. Vemos con claridad que la tal llamada "iniquidad" dejó de existir completamente en la tercera generación de abuela a hija, de hija a nieto. Los lazos de la iniquidad se rompieron cuando Dulce María tuvo a Armani; ella le ha expresado a él un amor materno incalculable.

Si hubo mal tratado de abuela a madre, de madre a hija, eso no se ha repetido con Dulce María y Armani. Dulci está llevando a su hijo a la medida que la Biblia lo enseña: con amor y con disciplina. Ese niño representa el centro de felicidad para toda la familia y el amor anhelado que toda madre espera, y que por naturaleza debe tener. Un día se le escuchó a Dulce María decir:

> "*El amor que por ciertas circunstancias no me dieron ahora me toca a mí dar; yo voy a ser diferente con mi hijo, y darle a él la atención y un desplegado cariño que cuando chiquita tuve poco. Yo no culpo a mami por eso porque ella se ha sacrificado muchísimo por nosotros, pero lo que*

más yo añoraba era tiempo con mi madre y no lo tuve. Mi mami se la pasaba trabajando y nos dejaba muchos tiempos solos y creo que allí ella nos falló. Creo que de eso se aprovechó Juan el perverso para abusar de nosotras. Esa es una experiencia muy dura para contar y algo que posiblemente se pudo evitar. Yo le daré a mi hijo lo que a ningún ser humano le cuesta dar - Tiempo," cuenta llorosa la bella Dulci.

Dar tiempo a una persona es totalmente gratis, no nos cuesta nada; pero, ¡qué mal le quedamos los padres a nuestros hijos! Cuando ellos nos piden tiempo no se los damos por estar ocupados en cosas rutinarias de la vida. Padres necesitan ser más cuidadosos en cuanto al trato con sus hijos. El cariño de madre no debe faltar en un hogar y el de padre tiene que estar presenta para que nuestra vida emocional crezca adecuadamente.

"Lo hice muy mal y lo reconozco. Traté mal a mis hijos y pude haber hecho más cuando mis inocentes estaban creciendo, debí evitar muchas cosas. Si, en muchas ocasiones me siento culpable del sufrimiento de mis hijos. Hoy doy gracias a Dios por haber cambiado muchas cosas. Es doloroso decirlo pero mis hijos crecieron en medio de ese odio que envolvía mi corazón en ese tiempo; y que yo por no reflexionar a tiempo, ayudé a que mis hijos se desviaran y muchas veces me reprocharan," dice con tristeza Ruthie.

¿Qué concejo se le pueda dar a un padre o a una madre cuando por necesidad hay que salir a la calle a ganarse los "chavos" como dicen los Puertorriqueños? Nos pasamos horas afuera, fuera de la mirada de nuestros hijos. Tiempos que se pasan fuera del hogar crean separaciones y deslaza el vínculo familiar. ¿Cómo remediamos lo afectado? El trabajo es necesario y sin dinero se nos viene el mundo encima, especialmente cuando se gana poco y en muchas ocasiones hay que tener dos trabajos como le tocó a Ruthie. *"Me pasé horas afuera, fuera del hogar y por mucho tiempo le di muy poca atención a mis bebes, aunque a ellos no le faltaba nada."* Prácticamente ella crió a sus hijos sin el respaldo de un hombre. Los niños nunca vieron una buena representación de padre en el hogar. Por un tiempo, con su segundo matrimonio (su tercer marido) las cosas parecían casi normales como de familia; pero en medio de malicias y traiciones *"ese sucio"* les afectó la niñez a sus dos hijas.

¿A quién culpar? Cualquiera se puede equivocar. Cuando confías en tu pareja nunca te pasa eso por la mente. Cosas semejantes nos pueden pasar a todos. Lo doloroso y decepcionante es que a ciertas personas estas cosas les pasan más que a otras como es el caso de Ruthie. Golpes tras golpes, *"cañazos y más cañazos."* Eso es lo que la vida le ha dado a ella desde que apenas era una niña.

De traicioneros está llena la vida. ¿Qué haces cuando la persona que comparte tu cama, la comida en la mesa, la salida con los niños, las escapaditas al cine o una tarde recreativa en el parque; o cuando depositas en ella confianza para que vele por el cuidado de tus hijos, tal persona te traiciona? Simplemente esto nunca te pasa por la mente. En medio de todo lo que compartes con él o ella se te oculta un "algo," que por hacerse en silencio se convierte en malicia. Más difícil de creerlo es que esto sucede mientras tu luchas por traer un salario a tu casa. En el caso de Ruthie, eso fue precisamente lo que hizo el sucio Juan "el maldito;" un tremendo abusador de menores y mujeres, quien traicionó la confianza de Ruthie mientras ella trataba de ganarse los chavos.

También rechazos pueden causar muchos problemas emocionales a un niño. "*Me sentí rechazada cuando vivía con mis padres. Mi madre no podía comunicar efectivamente su amor por mí. Muchas veces pensé que nunca me amaba; y aun cuando ya era toda una mujer, su amor yo no lo sentía,*" llorando cuenta Ruthie. Ser rechazado por alguien también trae sufrimiento y causa mucho dolor. Nunca debemos de dejarnos destruir por el dolor que causa un rechazo; debemos de confiar en el Señor y creer que Él nos puede ayudar en medio del sufrimiento; y en vez de maldecir y quejarnos, la Biblia recomienda que nos regocijemos en medio de la aflicción. Para aquellos que se sienten rechazados les recomiendo que se apeguen a lo que dice la Biblia en Salmos 118: 22, que dice: "*La piedra que rechazaron los edificadores ha venido a ser cabeza del ángulo.*" Si el mundo no te da valor, Dios si te da importancia.

Tenemos que entender a nuestros hijos para que no sean arrastrados por las cosas del mundo. Tenemos que transmitirles la verdad a como dé lugar para que crezcan obedeciendo a Dios y entendiendo su palabra—la Biblia—Todo padre debe asegurarse que su hijo tenga un buen fundamento de la palabra de Dios y así instruirlos desde que nacen por el buen camino. Un camino de obediencia, fuera de maldades, pleitos y malicias. Es bello decir que nuestros hijos son médicos, abogados, estrellas de cine; pero mucho mejor es decir que aman a Dios, son obedientes, y que sirven al Todopoderoso. Por lo tanto, la responsabilidad #1 que tienen los padres es: Instruir a sus hijos en la palabra de Dios para que cuando crezcan no se aparten de Él.

Por los lados de los hijos la vida ha golpeado a muchos. Muchas veces nos entregamos a los quehaceres de la vida y apartamos a un lado lo que es importante. Nuestras necesidades pasan a ser nuestras primeras prioridades y apartamos a un lado a quien más nos necesitan. La misma vida te hace perder concentración en lo que realmente deberían de ser tus prioridades – nuestros hijos, nuestros familiares. ¿O es que acaso hay algo más importante que nuestros hijos? Nada se compara con ellos por ser sangre de nuestra sangre, nuestra herencia más cercana, motivo de nuestro vivir. El enfocarnos mucho en cosas materiales nos permite ganar un juego y perder otro, quizás el que perdemos es el más importante de todos; pero no siempre lo vemos así por estar muy empeñados en cosas materiales, "*los chavos*" y limpiar la casa.

Como decimos anteriormente, nosotros somos responsables por los futuros padres, líderes del hogar, cabeza de familia. La verdad es una, el amor de un niño no se compara con el de un trabajo, ni se asemeja al de un hombre o al de una mujer. Es más poderoso que ellos juntos. Les hacemos un daño terrible a nuestros hijos cuando los ponemos de segundo lugar. No darle el tiempo suficiente mientras crecen es una perdición del futuro; en otras palabras, cuando ellos crecen solos le estamos permitiendo a la vida que juegue con ellos, que se burle de ellos más adelante, le estamos dando oportunidad para que los lastime, les estamos abriendo las puertas al destino para que los haga fallar, los estamos prácticamente preparándolos para que fracasen; y eso no es lo que queremos como padres. Nosotros somos sus maestros. Con nosotros aprenden las primeras cosas y si no estamos allí para ellos, ¿Quién los va a enseñar? ¿Quién los va a preparar para el futuro? La edificación de la vida de tus hijos está en tus manos; y tú como padre deberías de hacer el cuidado de tus hijos "***una Divina responsabilidad y la prioridad numero uno de tu vida.***"

Nosotros somos sus maestros. Con nosotros aprenden las primeras cosas y si no estamos allí para ellos, ¿Que van a aprender? ¿Quién los va a enseñar? ¿Quién los va a preparar para el futuro? Absolutamente nadie, aprenderán solos, a la intemperie de que cometan muchos errores y a que tomen indebidas decisiones. Las primeras cosas se aprenden en el hogar. La edificación de sus vidas está en nuestras manos. Si no lo hacemos nosotros, otro lo hará y nos estaríamos arriesgando que aprendan las malicias de la vida, que otros traten de guiarlos, o que caigan en adicción a vicios para cubrir su dolor.

Reflexiones Sobre la Vida

Realmente es maravilloso pensar que nacimos para tenerlo todo y para ser siempre feliz; pero cuando te das de cuenta y te haces un chequeo de realidad, descubres que las cosas no son tan prometedoras como las pensamos. Simplemente hace falta examinarnos para darnos de cuenta que en verdad muchas veces estamos equivocados y muy alejados de la realidad. A muchos la felicidad se la regalan, a otros se la niegan, y multitudes de personas no la saben apreciar. Todos tenemos derecho a disfrutar de cosas buenas; pero centenares de veces se nos hace difícil obtenerlas.

Muchas veces nos preguntamos: ¿Por qué tantos problemas? ¿Por qué tanto sufrir? ¿Por qué tanto dolor? ¿Por qué tanto? Cuando pasas por situaciones tan difíciles como pasaron Ruthie y sus hijas, muchas veces te preguntas: ¿Dónde está Dios? ¿Es que acaso se está escondiendo de mí? ¿Qué hice para merecerme estas cosas? ¿Cuándo terminará este infierno? Muchas veces no tenemos todas las repuestas a las preguntas de lo que estamos padeciendo. Muchas veces no encontramos la razón del "por qué" estamos sufriendo, y por qué la vida nos trata de equis manera.

Todos nacimos para ser feliz, pero no siempre nos sucede así; nos quedamos cortos de felicidad y muchas veces perdimos la esperanza de que la felicidad algún día llegue. Así se sintió Ruthie, que en medio de tormentas buscaba un lugar para refugiarse esperanzándose en su fe. *"Pensé que mis tormentas cesarían y confié que el esperar me traería algo nuevo, pero aún sigo sufriendo."* Pareciera que su vida está llena de crisis, llena de sufrimientos. Pareciera que la vida siente placer al golpearla. *"Yo estoy cansada de sufrir,"* se le escucha decir siempre. Por mucho tiempo ha pensado que su destino es sufrir. Su voz se sigue escuchando a la distancia. Se escucha el eco que sale de su alma. En algún lugar del tiempo se oye su audible voz preguntándose: *¿Cuando Terminarán mis Sufrimientos?*

Le pregunta a un invisible; quizás al mismo Dios. Piensa que no haya repuesta; quizás algún día si habrá felicidad; pero:

¿Cuándo llegará? ¿Está la felicidad en algún lugar que yo conozco? ¿Se está escondiendo en algún lugar de mí? ¿Debería de seguir esperándola? "Deseo aferrarme a la idea de que algún día finalmente seré feliz. No quiero perder mis esperanzas y mucho menos morirme sin llegar a ser feliz. Quizás mi Fe me lleve a algo. Eso lo veremos, aún tengo tiempo. A mi edad la sigo esperando; aún a mi vejez seguiré confiando que un día, uno de esos tantos días lograré ser feliz; que un día mi felicidad llegará, y que al fin conmigo se quedará."

La Soledad se hace amiga de Ruthie

Sobresaltada se levanta, el reloj marcaba las 3:10 de la mañana, ya su cuerpo se había acostumbrado a levantarse a esa temprana hora. Mira alrededor, se siente como en una jaula, en una jaula de cuatro paredes que ha sido su mirar desde que su amado se alejó. Pensamientos tras pensamientos, combinados con memorias del pasado la hacen brotar lágrimas que mojan su delicada cara e humedecen sus labios. Se mira en el espejo y dice: "**Que bien que hoy no tengo que trabajar, pues me siento pésima.**" Mira a su derecha y sus ojos se tropiezan con una foto que se tomó años atrás con su amado donde lucía sonriente y llena de vida; radiante como una dama nocturna en los brazos de su hombre. Mira con tristeza y dice: "**¡Qué poco me duró la felicidad contigo, Carlos J!**" Sus pensamientos la llevan lejos, recordando los momentos de dicha que vivió con él.

Sus lágrimas no las puede contener. Llora producto de la angustia que siente en su interior. No deja de llorar porque ahora se da de cuenta que su felicidad era con él; y siente que la felicidad se le escapó de sus manos. Meditando dice:

"He terminado sola. Mis hijos ya todos se fueron, ya no tengo a Dulci ni a Junito. Ni siquiera el perrito—Neo—ya no me hace compañía. Ya ni siquiera Neo me puede ladrar porque Adamaris se lo llevó." "La soledad me ha consumido. Ya no soy la misma. Ya los años me cayeron; y mi vida está llena de tristeza desde hace mucho tiempo. La música que tanto me consolaba ya no suena tan divertida a mis oídos. Me siento como si ya no existo en el mundo de los vivos. Me siento muerta, sin ganas o energías. Siento que mis mejores momentos pasaron. La vida apartó de mi lado al hombre que amo; y ahora arrastro con esta soledad que me está matando."

Se recuesta de nuevo es su cama y recoge sus piernas, acurrucada como normalmente lo hacía desde cuando era niña. Su sábana ya no es sábana, es toalla convertida en posos de lágrimas que no dejan de parar. Se siente sufrida y desconsolada. Sus párpados expresan la agonía que se refleja en sus inocultables ojeras. Su rostro descansa entre sus piernas y así se queda hasta que el amanecer la sorprende.

Sentirse solo trae tristeza, es una tristeza que no tiene fin. Todos los seres humanos pasamos por ella; sobre todo en tiempos de crisis. Los efectos que ésta deja son tremendos, sus resultados irreparables. Las personas más afectadas por la soledad son aquellas cuyo pesimismo y negatividad siempre están presente.

Ruthie llevó una vida de pesimismo, llena de desconfianza y controlada por un orgullo que nunca la hizo doblegarse, que nunca le dio paz. Su decisión de no querer perdonar sembró aún más en ella desconfianza. Nunca se le vio luchar para llegar a ser feliz porque su "*bendito*" orgullo se lo impedía. Su orgullo la tenía no sólo dominada, sino completamente controlada.

Ahora Ruthie se sentía sola; arrecostada a su lecho buscando la repuesta de "***por qué nunca ha sido feliz***." La felicidad se le acercó varias veces, pero todas esas pocas veces, ella de ésta se alejó. Recuerda que un tal Josué que conoció en Puerto Rico; y quien era dueño de una farmacia, le pidió que fuera su mujer, pero ella lo desprecio por ser Josué 12 años mayor que ella. Por su mente pasó las insistencias de Julio Cesar que era un par de años menor que ella; y quien deseaba unirse a ella para darle a su hija Adamaris un apellido; pero a ella, eso no le interesó. Los recuerdos de Carlos J la hacen sentir peor, pues ahora lamenta el no haber luchado por su amor. Dejó pasar la oportunidad por no quererlo perdonar. "***Quiero perdonarlo por completo y volverme a él, pero se me hace difícil. Soy muy dura para perdonar,***" decía constantemente mientras se secaba las lágrimas que corrían por sus mejillas como si fueran "*corriente de rio que va en bajada.*"

Ruthie pudo darse una oportunidad con cualquiera de ellos tres. Ellos tenían buenas intenciones para con ella; y eran mucho más diferentes al otro trio de hombres que ella seleccionó para convivir. Estamos hablando del trio diabólico compuesto por el malvado Carlos Justino, el cruel "Papo" y el abusador Juan. Esos tres fueron producto de malas decisiones que ella tomó. Ellos representan el trio maligno que prácticamente su vida destruyó. Ellos sembraron el martirio y la desconfianza que no le permitió ver el amor de los demás. A los tres empezó amándolos, a los tres terminó odiándolos.

Ahora, sosegando en su cama, se da de cuenta que fue a Carlos J a quien verdaderamente amó. A él lo amó con locuras, se le entregó con pasión, lo amó sin condiciones y hasta muchas veces sintió casarse con él; pero su orgullo no le permitió perdonarlo cuando Carlos J le falló;

de modo que, nunca pudo darle libertad a lo que deseaba su corazón. Ahora, a solas, en medio de cuatro paredes, piensa que su *"bendito"* orgullo no la dejó acercarse a Carlos J cuando él la buscaba. Por orgullo lo rechazó muchas veces cuando él le pidió que se casara con él. Su ignorancia al amor lo alejó completamente. Su ignorancia hacia él trabajó en contra de ella misma y destruyó la relación.

Haber perdido a Carlos J se convirtió en el peor sufrimiento de su vida, en su mayor dolor. Ahora llora sin cesar en la habitación donde compartió felicidad con él. Por su mente pasan muchos pensamientos, mira alrededor y trata de hallar una repuesta a la pregunta original: *"¿Terminará algún día sus Sufrimientos?"* La repuesta parece encontrarla en su propio razonar: *"Mis sufrimientos nunca terminarán quizás por no saber perdonar."*

El sufrimiento la mira, pero con deseos de hacerle daño y hundirla más. *"El propósito de mi vida nunca lo he entendido. No sé si la vida es un juego que hay que jugarlo bien o hay que entrenarse antes de empezarlo. Si la vida es un juego, creo que siempre lo he perdido. Sólo espero que al final de este juego la victoria sea mía."*

Analizando su vida y reflexionando sobre ella dice:

"No sé si creer que algún día seré feliz, aún no lo sé; quizás el hombre de mis sueños me la dé; a lo mejor tengo que trabajar en eso con él y luchar como lo hacen muchos. Si la felicidad quiere encontrarse conmigo entonces llegué al lugar adecuado cuando me encontré con él. Yo en realidad deseo luchar para ser feliz. El no haber luchado como debo, quizás haya permitido que la tormenta me arrastre; bueno, ahora estoy dispuesta, ahora me toca luchar y no sólo eso, deseo luchar y espero que con la ayuda de él lograré finalmente ganarle ese juego a la vida. Quizás sea el único juego que le gane a la vida. No necesito ganar el juego completo para sentirme victoriosa, lo que si estoy segura es que si gano una parte del juego con él, me sentiré ganadora, pues estaré recibiendo un poquito de felicidad de la que se me ha siempre negado."

"Reflexionando un poco acerca de mi pasado, hay veces que me gustaría ser diferente. Creo que el haber pasado por tantas calamidades me ha puesto el corazón duro, muy duro. Me preocupa la gente, siento un amor inmenso por mi familia, pero no demuestro compasión por ellos como debería de hacerlo. Muchas veces me siento como si fuera otra Ruthie, o como si fuera una moneda de dos caras: Una parte de la moneda muestra una cara que quiere ayudar con amor; y la otra, refleja la rabia que llevo por dentro. Ambas caras siempre muestran

lo opuesto. *Hay tiempos cuando debo mostrar compasión, cuando veo que existe una necesidad que requiere mi ayuda; y que yo sé que puedo cubrirla, y no lo he hecho. No sé que me pasa, muchas veces pienso que soy egoísta, y sólo le pongo atención a mi mundo. A los demás los "tiro" a un lado. No me gusta ser así, pero la realidad es que cuando debo mostrar compasión, no lo he hecho."*

"Si algo me gustaría cambiar de mi misma es ser más comprensiva y compasiva. Soy una de esas mujeres que juzga a primera vista, lo hago sin poder evitarlo. Me reprocho a mi misma, el haber tenido oportunidades para demostrarles a muchas personas mi compasión por ellos y no lo he hecho. Recuerdo que un día se me apareció Carlos J a la puerta de mi casa sangrando por el cuello porque lo habían robado en mi vecindad, yo en vez de atenderlo con hospitalidad le dije que se lo merecía, por estar borracho. Me fui a trabajar a esa hora y no le presté auxilio. Lo dejé afuera de mi casa, y ni siquiera le limpié la sangre que corría por su cuello producto del jalón que le dieron cuando le robaron la cadena de oro que llevaba esa noche. Esos son momentos que siempre recuerdo; me "martillan" la mente como "campanas de iglesia en días de misa."

"Ahora pensando sola, debilitada y con pocas energías me vienen a mi mente las palabras del Apóstol Pablo: ". . . atribulados en todo, mas no angustiados; en apuros, mas no desesperados; perseguidos, mas no desamparados; derribados, pero no destruidos" (2 Corintios 4:8-9). *Aún vivo de esperanza de que un día las cosas serán distintas. Miro alrededor, en medio de estas cuatro paredes que son mis amigas y testigos tanto de noche como de día. Presiento que me vigilan y que me hablan de él, del hombre que un día amé con locuras y sin atavíos. Siento que mi vida se me va, que ya no tengo alegrías; que una vez la tuve y no la supe apreciar. Recuerdo al hombre de mi vida, al hombre que me proclamaba amor y que con su cariño me cubría. Ya no lo tengo. Mis noches son más frías, los días asolados, las madrugadas miedosas; y mi vida, mi pobre vida, es un verdadero desastre sin él. Ahora me pregunto, al verme así, asolada, echada en mi lecho sin fuerzas y sin energías: ¿Será este mi destino? ¿Dejé yo escapar mi felicidad?"*

"Posiblemente he estado buscando la felicidad en lugares erróneos y es por eso que no la he hallado todavía. Estoy consciente que hay esperanza

para todos aquellos que están cargados de aflicciones, tribulaciones y dolores. Yo sigo siendo una de esos que están cargados y trabajados. El sufrir siempre me ha perseguido; y aunque se ha apoderado de mi cuerpo, mi alma sigue viva. Mi alma sigue clamando, gimiendo, mirando hacia el horizonte en busca de descanso y regocijo, en busca de mi creador."

"Escuché de un gran llamado pronunciado de la boca de Jesús—el Hijo de Dios—que dice: "Venid a mi todos los que están trabajados y cargados, que yo os haré descansar" (Mateo 11:28). En este llamado voy a fijar mi esperanza, pues quiero recuperarme para vivir para Él. Yo siempre he querido ser feliz, pero creo que estaba buscando felicidad en lugares erróneos. La busqué en el hombre, pero me di de cuenta que el hombre no te puede ser feliz; el hombre no te puede dar lo que Dios da; el hombre no te puede bendecir como Dios lo hace. Ninguna de las bienaventuranzas que yo conozco viene de un hombre, mas todas ellas vienen de Dios. Ahora me doy de cuenta que el verdadero motivo de la felicidad o el único propósito para ser feliz no es el hombre, sino Dios."

"Creo que debo confiar en Dios y vivir con la esperanza de que Él un dia me hará feliz. Todos deberiamos de hacerle caso al Señor Jesús cuando dijo que: "Mas buscad primeramente el reino de Dios y su justicia, y todas estas cosas os serán añadidas" (Mateo 6:33). Ahora bien, mirando desde el cielo a la tierra, con el gran telescopio de Dios—donde nos vienen nuestras respuestas—yo misma puedo asegurar que la pregunta original "¿Terminarán algún dia los Sufrimientos de Ruthie?, la respuesta sólo la tiene Dios."

He aquí algunas Bienaventuranzas

Bienaventurados los pobres en espíritu,
porque de ellos es el reino de los cielos

Bienaventurados los que lloran,
porque ellos recibirán consolación

Bienaventurados los mansos,
porque ellos recibirán la tierra por heredad

Bienaventurados los que tiene hambre y sed de justicia,
porque ellos serán saciados

Bienaventurados los misericordiosos,
porque ellos alcanzaran misericordia

Bienaventurados los limpio de corazón,
porque ellos verán a Dios

Bienaventurados los pacificadores,
porque ellos serán llamados hijos de Dios

Bienaventurados los que padecen persecución
por causa de la justicia, porque de ellos es el reino de los cielos

Bienaventurados los que son vituperados y perseguidos
por el nombre de Jesús porque ellos serán galardonados

Bienaventurado el varón que no anduvo en caminos de malo

Bienaventurado el varón que soporta la tentación

Bienaventurados el hombre que teme a Jehová

Bienaventurados Los que sufren—esa es la voluntad de Dios

Epilogo

La historia de Ruthie es una de las miles que suceden en el mundo. La tuya pudiera ser la próxima en escribirse. Hemos visto en esta historia la crueldad de algunos hombres, la cara de la traición y las dificultades que te presenta la vida. En esta historia vimos las diferentes caras del sufrir. Historias como éstas nunca terminan. La historia se repite cada día en multitudes de seres humanos quienes diariamente padecen aflicciones y calamidades. La historia de Ruthie no es la única; todos tenemos también una historia que contar. No te quedes callado o callada; no dejes que la adversidad te venza. Cada problema tiene solución. Aprendamos a enfrentar las raíces de los problemas en vez de tratar con los símtomas parcialmente. Sin titubear afrenta a tu agresor, denúncialo o mándalo a la cárcel.

La historia de Ruthie nos deja con la incógnita de lo que el futuro le tiene preparado a esta humilde mujer. Su esperanza es que algún día su vida cambie, que su cuerpo se recupere y que la felicidad llegue para quedarse. Por otra parte, su fe le da confianza, su destino lo conoce Dios; y a su tiempo, su victoria llegará para que ella con determinación pueda decir como dijo el apóstol Pablo:

> "*He peleado la buena batalla, he acabado la carrera, he guardado la fe. Por lo demás me está guardada la corona de justicia, la cual me dará el Señor, juez justo, en aquel día; y no sólo a mí, sino también a todos los que aman su venida*" (2 Timoteo 4:7-8).

¿Quieres ser tú uno de ellos? Entonces te invito a que "*pelees la buena batalla de la fe y que le eches mano a la vida eterna*" (1 Timoteo 6:12). Mi anhelo y mi esperanza es que reconozcas que Jesús murió por todos nosotros y que sólo en Él hay salvación. Que lo aceptes como tu único y suficiente salvador de tu alma. "*Porque dice: En tiempo aceptable te he oído, y en día de salvación te he recorrido. He aquí ahora el tiempo aceptable, he aquí ahora el día de salvación*" (2 Corintios 6:2). También dice la Biblia: "*Por lo tanto, como dice el Espíritu Santo: Si oyereis hoy su voz, No endurezcáis vuestros corazones*" (Hebreos 3:7-8). Las escrituras te están hablando directamente a ti. Debemos temer a Dios y servirle reconociendo que somos pecadores y que un día lo vamos a ver cara a cara en el día del Juicio. "*Porque es necesario que todos nosotros compadezcamos ante el tribunal de Cristo, para que cada uno reciba según lo que ha hecho mientras estaba en el cuerpo, sea bueno o sea malo*" (2Corintios 5:10). Todo ser humano que muere va a ser juzgado: "*Y de la manera que está establecido para los hombres que mueran una sola vez, y después de esto el juicio*" (Hebreos 9:27). No pierdas tu alma, hoy es tu día de salvación.

"*. . . hay un solo Dios, y un solo mediador entre Dios y los hombres, Jesucristo hombre*" (1 Timoteo 2:5). Debemos de poner nuestra fe y confianza en Él para ser salvo; "*puesto los ojos en Jesús, el autor y consumador de la fe*" (Hebreos 12:2). A travez de Él y únicamente en Él hay salvación. Jesús dijo: "*A cualquiera, pues, que me confiese delante de los hombres, yo también le confesaré delante de mi Padre que está en los cielos. Y a cualquiera que me niegue delante de los hombres, yo también le negaré delante de mi Padre que está en los cielos*" (Mateo 10:32-33). No te arriesgues a perder la salvación, hoy es tu día de salvación.

Espero que le digas "*Si*" al Señor Jesús y que tu "*Si*" sea tan retundo que lo escuche toda la tierra y que llegue a los cielos, a la presencia del Dios Todopoderoso; para que los ángeles se gocen y eleven al Señor un cántico de adoración; para que cuando el libro de la vida se abra tu nombre allí esté escrito. "*Y vi a los muertos, grandes y pequeños, de pie ante Dios; y los libros fueron abiertos, y otro libro fue abierto, el cual es el libro de la vida; y fueron juzgados los muertos por las cosas que estaban inscritas en los libros, según sus obras . . . Y el que no se halló inscrito en el libro de la vida fue lanzado al lago de fuego*" (Apocalipsis 20:12,15). Cuando aceptas a Jesús tu nombre es inmediatamente inscrito en el libro de la vida, yo quiero que tú seas uno de ellos.

Hoy es tu día, el día de salvación. Cuando mueras, la única autoridad que verás es Cristo. A Él sólo tienes que darle cuentas; a Él mirarás cara a cara; y Él es el único que te juzgará. La Biblia enseña que delante de Él se doblará toda rodilla: "*Para que en el nombre de Jesús se doble toda rodilla de los que están en los cielos, y en la tierra, y debajo de la tierra*" (Filipenses 2:10). Tú y yo seremos uno de ellos. Asegúrate que tu juez te extienda la mano y te diga: "*. . . Bien, buen siervo y fiel; sobre poco has sido fiel, sobre mucho te pondré; entra en el gozo de tu Señor*" (Mateo 25:21). No seas uno de aquellos a los que el Señor les dirá: "*Siervo inútil echadle en las tinieblas de afuera; allí será el lloro y el crujir de dientes*" (Mateo 25:30).

¿Cómo escaparemos nosotros, si descuidamos una salvación tan grande? (Hebreos 2:3). La salvación o pérdida del alma es un asunto muy serio. "*Porque ¿qué aprovechará al hombre, si ganara todo el mundo, y perdiera su alma? ¿O qué recompensa dará el hombre por su alma?*" (Mateo 16:26). Cuando morimos nos llevamos absolutamente nada; pero el que es cristiano, se lleva la esperanza de que Jesús lo salvará; el no cristiano no corre con esa suerte. La salvación que ofrece el Señor Jesús es gratis aunque fue comprada a un precio muy alto; a precio de sangre. Le costó un gran sufrimiento al Señor Jesús; y hasta su misma muerte. Su sacrificio fue

tan enorme que no puede compararse con nada; no podemos menospreciar lo que el Señor Jesús hizo por todos nosotros. El riesgo de perder tu alma es demasiado costoso.

Amigo lector si no has tomado la decisión de aceptar a Jesucristo como tu Dios y salvador, hoy tienes la oportunidad de hacerlo; a tus manos ha llegado este libro con este mensaje de salvación. Tus ojos están mirando la oración de salvación; has este momento memorable para tu vida; ven a Él. Esta es la manera como te conviertes en Hijo de Dios; esta es la manera como vuelves a los pies de tu Señor. Esta es la manera como obtienes la salvación de tu alma. Hoy empieza una nueva vida para ti; el nuevo tú esta renaciendo. Hoy la salvación ha llegado a tu vida, levanta tus manos y díceselo a Él:

> **"Señor Jesús, reconozco que soy pecador y he pecado contra ti. Creo que tú moriste en una cruz por mí para darme salvación. Hoy te pido que perdones mis pecados, mis ofensas contra ti. Hoy deseo aceptarte como mi único y suficiente salvador de mi alma. Hoy me reconcilio contigo. Señor transforma mi vida y hazme vivir para ti. Señor úsame como instrumento para tu gloria; deseo servirte y glorificar tu nombre. Gracias por salvarme, gracias por perdonarme. Y creo, de acuerdo a tu palabra, que soy salvo, Amen."**

Por lo tanto, si le conoces ¡qué bueno! Si no le conoces acéptalo. Si le conociste y te alejaste de Él regresa, que Dios está en el mismo lugar donde lo dejaste. Reconcíliate hoy con el Señor: "*De modo que si alguno está en Cristo, nueva criatura es; las cosas viejas pasaron; he aquí todas son hechas nuevas*" (2 Corintios 5:17). Cuando te reconcilias con el Señor pasas a ser ciudadano del cielo, embajador de Cristo aquí en la tierra; todo eso por creer y servir al Hijo de Dios. La Biblia dice que: "*Mas a todos los que le recibieron, a los que creen en su nombre, les dio potestad de ser hechos hijos de Dios*" (Juan 1:12).

Todo lo que es bueno viene de Dios; incluso, el sufrir porque en el sufrir, el Señor se glorifica, en tiempos de crisis es cuando más le buscamos; en tiempo de crisis es cuando el Señor te muestra su poder sobrenatural. Jesucristo dice: ". . . *mi poder se perfecciona en la debilidad*—en las aflicciones, en los Sufrimientos (2 Corintios 12:9). Cuando sufrimos el Señor te dice como le dijo al Apóstol Pablo: "*Bástate mi gracia*" (mi Gracia es suficiente). "*Por lo cual, por amor a Cristo me gozo en las debilidades, en afrentas—insultos, en las necesidades—adversidades, desgracias, en las persecuciones, en angustias—dificultades; porque cuando soy débil, entonces soy fuerte*" (2 Corintios 12:10).

Es extraño pero sufrir es bueno. Dios nos consuela en todas nuestras tribulaciones: "*Bendito sea el Dios y Padre de nuestro Señor Jesucristo, Padre de misericordia y Dios de consolación, el cual nos consuela en todas nuestras tribulaciones, para que podamos también nosotros consolar a los que están en cualquier tribulación . . . Pero si somos atribulados, es para vuestra consolación y salvación; o si somos consolados, es para vuestra consolación y salvación . . .*" (2 Corintios 1:3-6). Sufrir tiene un misterio dentro de sí mismo; de modo que en conclusión: Si sufres, da gracias, alaba y glorifica a Dios. La Biblia enseña que debemos de dar gracias a Dios en todo: "*dando siempre gracias por todo al Dios y Padre, en el nombre de nuestro Señor Jesucristo*" (Efesios 5:20). "Todo" incluye lo bueno y lo malo; de modo que, en sufrimientos o en gozo debemos siempre de confiar en Dios. Aquellos que tienen luchas en la vida, deben recordar que: *Asombrosas y grandes cosas pasan después de nuestras más duras pruebas y tribulaciones.*

♦ **Carlos José Sánchez** ♦

Palabras de la Protagonista

Creo que es importante que el lector sepa que me ha costado mucho expresar los detalles de mi vida en este libro. Me duele pensar que personas cercanas se pudieran sentir afectadas por mi decisión de contar mi historia. De manera anticipada, deseo pedir perdón a mis padres, a mis hijos y amigos cercanos. A mis viejos los quiero mucho y no deseo causarle ninguna incomodidad por lo que en este libro se dice. No deseo que mis confesiones afecten la vida de la gente que más amo. Creo que es importante que el mundo entero se informe por lo que yo pasé; y me gustaría que las leyes y la misma sociedad sigan luchando para eliminar de la faz de la tierra todo tipo de "abusos;" bien sea el que se vive en el hogar o fuera de éste. Las leyes deberían de hacer todo lo posible por llevar a juicio a todos los abusadores y opresores de niños y mujeres. Me gustaría que siempre se cumpliese el famoso dicho que dice: *"Lo que aquí se hace, aquí se paga."*

Agradecimientos

Antes que nada, quiero agradecer a Ruthie Fraguada por contarme su historia y confiar en mí para publicarla. Fueron horas de largas conversaciones, muchos extrasnochos e intensas decepciones. Por momentos pensé que este libro nunca se iba a publicar. Como les comenté anteriormente, la historia es verídica porque yo también la viví y fui parte de ella. Con todo respeto, a Ruthie le he extendido mi cariño, amor y amistad; y todo lo que mi corazón anhela para ella es salud y felicidad.

Un agradecimiento muy especial a mi hermano Luis Abelardo Sánchez quien voluntaria y cuidadosamente leyó esta historia del comienzo hasta el final y recomendó algunos cambios gramáticos y estructurales para que la historia suene lo más claro posible en el lenguaje español. Sé que pasaste muchas horas tratando de pulir el contenido de este libro para que todo saliera bien, me motivaste y tus palabras me hicieron sentir bien. Te debo una mi hermanote. Espero que la paz de Dios y Su bendición siempre estén sobre ti y tu familia.

La mujer que me trajo al mundo y a quien le debo mi perseverancia es mi adorada madre quien siempre me mostró su amor incondicional fuera y dentro del país donde nací—Venezuela. Señora Juana María Sánchez, usted también sufrió, tu siempre estuviste en mi mente mientras yo me disponía a escribir el contenido de este libro. Mami, a ti yo te vi sufrir; me enseñaste que en el sufrir se puede hallar dicha y tú la reflejaste; tus hijos la vieron, la vi yo, la vio el mismo Dios. Gracias por tu amor, tú también tienes una historia. Ruthie es la protagonista de este libro, pero tú eres mi inspiración.

Mi salvación se la debo a Jesucristo, pero un agradecimiento muy especial me gustaría expresar a la persona que me hizo llegar hasta Él—Eladia Sánchez. A ella le debo mi deseo por servir al Señor con devoción y fervor. Fue ella quien despertó en mí interés por las cosas celestiales. Fue ella quien me enseño a amar y temer a mi Dios. Su corona de justicia esta llena de piedras preciosas por llevar a muchas personas a los pies de Jesucristo. Si Eliséo le pidió a Elías una doble porción de su espíritu, yo pido una triple porción del poder espiritual que Dios le ha dado a mi tía. Tía Eladia, tu eres mi madre espiritual y mi mejor ejemplo de como servir a Dios. Al cielo iremos y en el cielo nos veremos, Aleluya, Amen.

Y, por encima de todo, agradezco a mi Señor y Salvador Jesucristo, quien me hizo cambiarle el contenido a este libro y agregar pasajes bíblicos para que el mensaje de salvación llegue al corazón de nuestros lectores. Espero que este libro sea de agrado a los ojos de Dios y de beneficio para tu alma. Que el Espíritu Santo te haga entender la necesidad de servir a Dios para que seas salvo. A Jesucristo sea gloria, respeto y reverencia por los siglos de los siglos. Amen.

Glosario

Aporreada—Persona que ha sido maltratada y golpeada por la vida

Árbol que nace torcido nunca endereza—Aplicado a personas que nunca cambian

Azote—Golpear, castigar

Boca del lobo—Estar en peligro

Bocas calladas—Mantenerse en silencio

Cabrón—Se le llama a un hombre a quien una mujer lo traiciona

Canalla—Actual malamente

Cañazos y más cañazos—Usado en sustitución de la expresión vulgar "-oñazos"

Carnada—Estar indefensa, tenerte a la merced

Carrizo—¡Que Carrizo! Expresión usada en sustitución de la palabra "-oño"

Chavos—Palabra que significa dinero, comúnmente en Puerto Rico

Chutear pool—Jugar billares

Columpio—Asiento colgado con dos cuerdas usado en los parques

Comido—Importarle un comido significa no importarle nada

Comportarse derechitas—Andar con mucho cuidado

Como cohete que va al espacio—Algo hecho en forma rápida

Como polvo que lleva el viento—Salir de un sitio lo más pronto posible

Como alma que lleva el diablo—Salir corriendo de manera muy rápida

Como un pez fuera del agua—Quedarse sin oxigeno, sin aliento

Coquí—Sapo que comúnmente vive en Puerto Rico

Corriente de rio que va en bajada—Sin detenerse

Cuando el río truena, es porque piedras trae—Cuando se ven señales de algo

Debajo de cuerdas—Hacer cosas detrás de tus espaldas, mientras tú no ves

Echar el anzuelo—Tratar de conquistar a una mujer enamorándola

Echen más candela al fuego—Complicar las cosas

El que no oye, es como el que no ve—Ignorar alguna cosa, no estar afectado

El tiro me salió por la culata—Las cosas no salieron como las tenían planeadas

Empinando el codo—Tomarse una cerveza o una bebida alcohólica

Encojonamientos—Molestarse mucho

Escrúpulos—Sin conciencia, desvergüenza, inmoralidad

Es imposible buscar oro en una mina de azufre—Buscar cosas donde no existen

Estrasnochos—Lo que comúnmente llamamos desvelos

Fechorías—Malos hábitos, hacer cosas malas

Galleta—Cachetada, golpear a alguien con la mano abierta

Joderme la vida—Hacerle la vida imposible a alguien

Lacra—Persona de poca conciencia, sucia de bajo moral

Las rosas se convirtieron en espinas—Las cosas salieron muy mal

Leguas—Notar a leguas es ver con claridad una cosa

Llaga—Herida abierta que está muy afectada

Martillado—Darle más sufrimientos—Enterrado más en sufrimiento

Más vale diablo conocido por diablo por conocer—No probar con otro (a)

No lo quiero ver ni en pintura—No querer saber nada de una persona

Pagarle con la misma moneda—Cuando una persona te hace lo mismo

Paño de lágrimas—Consolarte en momentos de lloro

Piase Prosti—Usado en lugar de la palabra vulgar "puta," mujer fácil

Pisoteada—Tratar a una persona muy mal, maltratarla

Pon—Es lo mismo que decir, dame un aventón, dame una cola

Poniendo los cuernos—Ser infiel a su pareja

Poseta—Lugar donde se orina en un baño

Quedándose quietesitas—Portándose bien, hacerle caso a la otra persona

Rondarla—Vigilar constantemente

Sacamos esa espina de adentro—Decir a otros lo que nos molesta

Subidita—Pequeña subida

Tirandome piropos—Decirle palabras bonitas a un hombre o mujer

Tragarme mi dolor—No hablar del tema

Troca—Viene de la palabra Inglesa "Truck" que significa camioneta

Un clavo saca a otro clavo—Una persona reemplaza a otra, refiriéndose a novio

Referencias

a. "No place for Abuse," Catherine Clark Kroeger & Nancy Nason-Clark, p. 114
b. "Lord, Heal my Hurts," Kay Arthur, p.7
c. "Lord, Heal my Hurts," Kay Arthur, p.95-96
d. "When Suffering Persists," Frederick W. Schmidt Jr., p.50, 2001
e. "When Suffering Persists," Frederick W. Schmidt Jr., p.2, 2001
f. "Evangel," Nov 28, 2010. "A different kind of Heeling," p.8
g. "No place for Abuse," Catherine Clark Kroeger & Nancy Nason, Back *cover*
h. "No place for Abuse," Catherine Clark Kroeger & Nancy Nason-Clark, p. 82
i. "No place for Abuse," Catherine Clark Kroeger & Nancy Nason-Clark, p. 164
j. "When Suffering Persists" Frederick W. Schmidt, Jr., 2001, p.11 (Del libro Unexpected Legacy of Divorce, escrito por Judith W. Julial y Sandra B, 2000)
k. "When Suffering Persists," Frederick W. Schmidt, Jr., p.43, 2001
l. "When Suffering Persists," Frederick W. Schmidt, Jr., p.15, 2001
[1] Commonwealth Fund, Health Concerns across a Woman's Lifespan: the Commonwealth Fund 1998 Survey of Women's Health, 1999
[2] http://fallenfathers.blogspot.com/2007/03/children-without-fathers-statistics.html, by Kerry Dale Hancock Jr., "Fallen Fathers," 2007

A LAS MEMORIAS DE:
SAMUEL JAMES SÁNCHEZ

Trataré de Entender Por Qué!!!

La Historia de un Padre tratando de Entender la Muerte de su Hijo

A las memorias de mi precioso y amado hijo Samuel James Sánchez, quien murió antes que este libro se completara. Su pérdida creó un sufrimiento muy difícil de superar. Un intenso dolor llevo por dentro: Un dolor que sólo Dios puede consolar. Sufrimiento nos llega por todos lados, de muchas formas, de muchas maneras. Hoy me llegó a mí; hoy yo también sufro al igual que muchas otras personas que se relacionan con esta historia. "Trataré de Entender Por Qué!!!" habla de un padre tratando de entender la muerte de su hijo. La agonía y el amor de este padre es tan grande que no deja de preguntarle a Dios el por qué su amado hijo murió.

Samuel fue un joven de corazón noble y generoso que partió de esta tierra muy temprano—a los 24 años de edad—Él siempre estaba dispuesto a ayudar a quienes necesitaban su ayuda. Sam, como normalmente lo llamábamos, amaba a su familia muchísimo y será para siempre recordado por familiares y amigos. Él era mi Hijo, mi Ángel. Esta es una frase que Samuel escribió antes de morir:

"Muchas personas mueren antes de vivir completamente. Para algunos estar satisfechos es suficiente, pero eso no es todo. Vivir es mucho más que eso. Ellos piensan que han experimentado lo mejor de la vida porque no han visto algo mejor; en realidad, hay muchas cosas en el mundo que nos traen diversión: Un lago pudiera parecer asombroso a mucha gente, sólo porque ellos nunca han visto un océano; una colina pudiera parecer maciza a algunos que nunca han visto una montaña; una gota de lluvia pudiera lucir bellísima a alguien quien nunca ha visto un pedacito de nieve; es por eso que yo digo, que una vez que has visto algo mejor, es muy difícil apreciar cuando tienes poco. Muchas veces es mejor ser feliz con lo poco que tienes.

San Agustín una vez dijo: "El mundo es un libro y aquellos que no viajan sólo leen una página." Yo digo: "Ese es un libro que es mejor que no se lea. Muchas veces apreciar lo que tenemos a nuestro alrededor es más que suficiente. No tienes que envolverte con el resto del mundo. Diviértete con lo que se te ha dado. Ama a tu familia y aprecia a tus amigos. Eso es lo más importante en la vida. Escribe tu página en este mundo; no trates de escribir el libro completo."

Samuel dejó un vacío muy grande en amigos y familiares. Su corta vida estuvo llena de lindas memorias y sus acciones serán recordadas para siempre. Sammy era capaz de hacer cualquier cosa por un ser humano; sea familiar, amigo, conocido o desconocido, a todos ellos siempre los deseaba ayudar, él siempre estaba dispuesto a ayudar; es por eso que expresó en una de sus frases: *"Most people want to be the sun that brightens up your day, but I would rather be the moon that shines down on you at your darkest hour."* Esto traducido es: *"La mayoría de las personas desean ser el sol que ilumina tu vida, pero yo prefiero ser la luna que te alumbra en la hora mas oscura de tu vida."* Familiares y amigos lo recordarán y le darán honor con esa frase por el resto de sus vidas.

Su padre también sufre. Su sufrimiento fue expresado el día de la pérdida de su amado hijo: *"A todos mis Familiares y Amigos me gustaría decirles que a partir de Septiembre 12, 2011 mi vida no será la misma. Perdí a mi Ángel, a mi precioso Hijo quien Dios me dio por 24 años y 158 días. Tuve el honor de ser su Padre. Él fue un regalo perfecto de Dios. Yo verdaderamente sentí su AMOR. No tuve tiempo suficiente para disfrutar de su presencia; pero las memorias y amor que él me dejó durarán una eternidad. Me encontraré con mi Ángel de nuevo algún día; y nadie, ni siquiera el "agua" podrá quitármelo de nuevo. TE AMO HIJO MIO. Hoy lloro por ti, me duele mucho que no te abrazaré por un tiempo. Dios mío, esto duele mucho. Extrañaré a mi ANGEL, mi HIJO, Samuel James para siempre . . ."*

Reserve una copia de este futuro libro: ***Trataré de Entender Por Qué!!!*** escribiendo a la siguiente dirección:

Carlos José Sánchez
PO Box 210804
Auburn Hills, Michigan
USA 48321-0804
carjossan2010@yahoo.com